#diretoaoponto

EXAME OAB

#direto ao ponto

COORDENADORES
Flávia Cristina
Lucas Pavione
Wagner Inácio Dias

EXAME OAB

6ª edição | revista, ampliada e atualizada

2021

EDITORA JusPODIVM
www.editorajuspodivm.com.br

EDITORA *Jus*PODIVM
www.editorajuspodivm.com.br

Rua Canuto Saraiva, 131 – Mooca – CEP: 03113-010 – São Paulo – São Paulo
Tel: (11) 3582.5757
• Contato: https://www.editorajuspodivm.com.br/sac

Diagramação: Equipe *Jus*PODIVM

Capa: Ana Caquetti

C933e Cristina, Flávia.
Exame da OAB: #diretoaoponto! / Flávia Cristina, Lucas Pavione e Wagner Inácio Dias – 6. ed. rev. atual. e ampl. – São Paulo: Editora JusPodivm, 2021.
336 p.

Bibliografia
ISBN 978-85-442-3398-6

1. Advogados. I. Ordem dos Advogados do Brasil. II. Cristina, Flávia. III. Pavione, Lucas. IV. Dias, Wagner Inácio. V. Título.

CDD 341.415

SOBRE OS AUTORES

Diego Pereira Machado

Direitos Humanos e Direito Internacional

- Doutorando em Direito (Coimbra – Portugal).
- Mestre em Direito (Unitoledo – SP).
- Especialista em Direito Processual Penal e Civil (UPF – RS).
- Pós-graduando em Direito Notarial e Registral (Anhanguera).
- Professor e palestrante da Rede de Ensino LFG (SP) e do Curso G7, nas matérias de Direito Internacional, Direito Comunitário e Direitos Humanos, em cursos preparatórios para concursos públicos e em programas de pós-graduação.
- Participante do Cambridge Law Studio (Cambridge-Inglaterra) e do Introduction to U.S. Law – The George Washington University Law School (Washington DC – Estados Unidos).
- Professor do programa Prova Final da TV Justiça, Saber Direito, Sem Fronteiras e do Portal Atualidades do Direito.
- Autor de livros e artigos na área jurídica. Conferencista.
- Ex-Procurador Federal (AGU).
- Tabelião de Notas e de Protesto.
- Presidente da Sociedade Brasileira de Direito Internacional – Seccional Mato Grosso.

- Membro-associado da ONG Transparência Brasil.
- Membro de conselhos editoriais de revistas acadêmicas.
- Membro do Conselho Nacional da ABDI (Academia Brasileira de Direito Internacional).

Edem Nápoli Guimarães

Direito Constitucional

- Mestre em Direito Público pela Universidade Federal da Bahia.
- Professor de Direito Constitucional.
- Autor de obras jurídicas.
- Instagram.com/edemnapoli.

Fabiana Campos Negro

Deontologia

- Mestre em Adolescente em Conflito com a Lei (Anhanguera-UNIAN).
- Especialista em Direito e Processo do Trabalho (Universidade Presbiteriana Mackenzie).
- Pós-Graduada em Direito Público (Uniderp).
- Graduada em Direito (Unip).
- Membro do IASP (Instituto dos Advogados de São Paulo) e da OAB Pinheiros.
- Palestrante.

- Autora de diversos livros publicados na área de Direito.
- Advogada e Compliance Officer.

Flávia Cristina Moura de Andrade

Direito Administrativo

- Procuradora Federal.
- Professora exclusiva da Rede Damásio ministrando aulas de Direito Administrativo e Direito Previdenciário nos cursos preparatórios para concursos públicos e exames da OAB.
- Autora e coordenadora de diversos livros.
- Palestrante.
- Coordenadora da Pós-Graduação em Direito e Processo Previdenciário do Curso Damásio
- Twitter e Instagram: @profaflavia.

Galvão Rabelo

Direito Penal

- Graduado em direito pela Universidade Federal de Viçosa (UFV).
- Especialista em ciências penais pela Universidade Federal de Juiz de Fora (UFJF)
- Mestre em direito pela Pontifícia Universidade Católica de Minas Gerais (PUC-Minas)

- Doutor em direito pela Universidade Federal de Minas Gerais (UFMG)
- galvaorabelo@yahoo.com.br

Hermundes Flores

Filosofia do Direito

- Doutor em Ciências da Comunicação com a tese "Judiciário Midiatiza(n)do: tensões entre norma e experimentação social", pela Unisinos.
- Mestre em Ciências Jurídico-Filosóficas pela Universidade de Coimbra.
- Bacharel em Direito pela Universidade Federal de Viçosa.
- Professor universitário no Centro Universitário Católica do Leste de Minas Gerais (UNILESTE).
- Membro do Instituto dos Advogados de Minas Gerais (IAMG).
- Advogado sócio do escritório CIMINI FLORES & BERGAMI SOCIEDADE DE ADVOGADOS, com sede em Ipatinga/MG.
- Instagram: @hermundesflores.
- Site: http://www.ciminifloresbergami.adv.br.

Karem Ferreira

Direito Processual Penal

- Advogada, especialista em direito processual penal pela PUC/SP.

- Presidente da Comissão de Ética da 250ª Subseção – Vargem Grande Paulista/SP.
- Professora de direito processual penal e Ética Profissional.
- Mentora para Exame de Ordem.
- Instagram: @profakaremferreira.

Lucas Pavione

Direito Ambiental

- Procurador Federal.
- Coordenador e coautor da Série "Estudos Dirigidos".
- Coautor da obra "Improbidade Administrativa: Lei 8.429/92", publicada pela Editora Juspodivm.
- Twitter: @lucaspavione.

Milton Bandeira

Direito Tributário

- Procurador da Fazenda Nacional.
- Professor de Direito Tributário e Direito Financeiro do curso preparatório CEI.
- Autor de diversas obras jurídicas das editoras Saraiva e Juspodivm com participação em mais de 10 livros.
- Membro do Conselho Editorial da Revista Fórum de Direito Tributário.

- Coach certificado pela *Internacional Association of Coaching* - IAC, atuando nas áreas de *Personal, Professional* e Coach para Concursos Públicos.
- Foi Diretor-Geral do Centro de Altos Estudos da Procuradoria-Geral da Fazenda Nacional – PGFN (2014 a 2018).
- Foi editor da Revista da PGFN (2014 a 2018).
- miltonbandeira@gmail.com

Nathália Stivalle

Direito Empresarial e Direito do Consumidor

- Advogada da União.
- Especialista em Direito Processual Civil pela PUC/SP.
- Autora da obra "Direito do Consumidor – Coleção Resumos para Concursos", publicada pela Editora Juspodivm.
- Coautora da obra "Exame da OAB – todas as disciplinas", publicada pela Editora Juspodivm.
- Coautora da obra "Carreiras Jurídicas – AGU", publicada pela Editora Saraiva.
- Twitter: @natsgomes.

Sabrina Dourado

Direito Processual Civil

- Professora de Direito Processual Civil.

- Advogada.
- Consultora Jurídica.
- Autora de obras jurídicas e Palestrante.
- www.descomplicajus.com.br
- Instagram: @sabrinadourado.

Simone Soares Bernardes

Direito do trabalho e Direito processual do trabalho

- Juíza do Trabalho Substituta do TRT da 3ª Região.
- Ex-Juíza do Trabalho Substituta do TRT da 1ª Região.
- Ex-Analista Judiciário - Assistente de Juiz - do TRT da 3ª Região.
- Autora de livros jurídicos para concursos.
- Aprovada e nomeada para os cargos de Analista Judiciário do TRE/MG e Técnico Judiciário do TRF 1ª Região.

Wagner Inácio Dias

Direito Civil e ECA

- Professor universitário.
- Mestre e Doutorando em Direito Civil.
- Professor em Cursos Preparatórios em Minas Gerais.
- Advogado.

- Consultor em Direito Civil.
- Autor de diversas obras jurídicas e palestrante.
- Site: www.wagnerinacio.com.br.
- Instagram @dicadodias

SÚMARIO

APRESENTAÇÃO

Olá, seja bem-vindo ao **#diretoaoponto!**

Apresentamos a você uma obra diferente de tudo o que conhece. Mas, ao mesmo tempo, uma formatação simpática a toda a sua vida, conectada com o seu mundo.

Este mundo, em que real e virtual se tornam um só, é necessário que os mecanismos de recordação, memorização e aprendizado sejam eficientes e possam trafegar na mesma velocidade dos dados e se comunicar com a mesma simplicidade que os *chats* e demais microblogs/blogs que existem na Grande Rede.

É uma obra de revisão rápida, para aqueles momentos anteriores à prova (com foco especial para o Exame da OAB), em que um macete ou uma palavra bem colocada, pode se tornar o diferencial entre o sucesso e a reprovação.

Para isto, desenvolvemos um método de escrita **limitada a 160 caracteres**, em frases cuja objetividade se torna o foco, possibilitando que as informações se reúnam de forma suave e natural.

Em suma, a obra nasce com a proposta diferenciada de seguir a comunicação instantânea nas mídias sociais, usando uma linguagem simplificada, divertida e de fácil assimilação, descontraindo o leitor nos típicos momentos de tensão que antecedem às provas.

Ao lado disso, **fazemos uso de *hashtags***, marcações especiais ligadas aos temas discutidos, que irão facilitar a identificação de assuntos já cobrados (**#jahcaiu**), súmulas (**#STFSumulou**), temas que merecem atenção maior

(**#detalhe**), recursos mnemônicos (**#macetao**), indicação de alteração legislativa (**#alteracaorecente**), dicas importantes (**#ficaadica**), diferenças pontuais entre determinados institutos (**#naoconfunda**), significados ou temas simples (**#prontofalei**), soluções práticas e exemplos que facilitam o aprendizado (**#aplicacaopratica**), e muitos outros recursos, com a perspectiva única de despertar os sentidos de você, caro leitor, possibilitando o máximo aproveitando no momento da prova.

Para os navegantes da web, ao invés de tábuas salvadoras, estão disponíveis **tabelas salvadoras**, com informações estruturadas para ir direto ao que interessa! Não jogar a informação, mas salvar o leitor naquele momento ou nos temas que são fundamentais!!

Músicas também estão no cardápio da obra. Cantigas de roda, conciliando conteúdo e técnicas de memorização, de forma a criar laços mnemônicos para que você tenha o melhor no momento certo. **Cante com a gente!!**

Ainda, sabendo que cores e detalhes facilitam a memorização, você irá encontrar **medalhas e marcações** especiais para temas que possam causar maior dificuldade no momento crucial, em que o branco deseja aparecer! Tudo, do conforto visual aos recursos de memorização, absolutamente tudo, foi pensado para dar a você o melhor em conteúdo e objetividade.

Esperamos que esta obra esteja sempre em suas mãos, até a vitória!!

Bons estudos!

Flávia Cristina Lucas Pavione Wagner Inácio Dias
Coordenadores

PRINCIPAIS ABREVIATURAS

Hj – Hoje

Q – Que

Qto – Quanto

Qdo – Quando

Tb – Também

SM – salário mínimo

DSR – Descanso Semanal Remunerado

Dir – Direito(s)

Jur – Jurídico(a)

Msm – mesmo

> – maior que

< – menor que

RCDO – Reclamado

RCTE – Reclamante

Vc – Você

DEONTOLOGIA

Fabiana Campos Negro

Ética do Advogado

- No exercício da profissão, o advogado é responsável pelos atos que praticar com **dolo ou culpa** (art. 32 da Lei 8.906/94 – EAOAB). #prontofalei

  Discorre o art. 32 da referida Lei: "O advogado é responsável pelos atos que, no exercício profissional, praticar com dolo ou culpa. Parágrafo único. Em caso de lide temerária, o advogado será solidariamente responsável com seu cliente, desde que coligado com este para lesar a parte contrária, o que será apurado em ação própria". A Lei 13.869 tornou crime a violação de direito ou prerrogativa do Advogado.

- **Manter o sigilo** sobre o que saiba em razão de seu ofício, mesmo em depoimento judicial, cabendo ao advogado recusar-se a depor como testemunha em processo no qual funcionou ou deva funcionar, ou ainda, sobre fato relacionado com pessoa de quem seja ou tenha sido advogado, **mesmo que autorizado** ou solicitado pelo constituinte, art. 26 CED/2015 art. 7°, XIX do EAOAB e art. 38, do CED/2015.

É direito do advogado a inviolabilidade do escritório ou local de trabalho, de seus instrumentos de trabalho e correspondência **escrita, eletrônica, telefônica e telemática** relativas ao exercício da advocacia (art. 7º, II do EAOAB alterado pela Lei 11.767/2008).

- **Quebra da inviolabilidade:** ocorre mediante a presença de indícios de autoria e materialidade da prática de crime cometida pelo advogado, com a decretação da quebra da inviolabilidade por autoridade judiciária competente, com decisão motivada da busca e apreensão, de forma específica e pormenorizada e diante de um representante da OAB. É vedada a utilização dos documentos, das mídias e dos objetos pertencentes a clientes do advogado averiguado, bem como dos demais instrumentos de trabalho que contenham informações sobre clientes, salvo quando partícipes e coautores pelo mesmo crime (art. 7º, §6º e §7º do EAOAB).. #jahcaiu
- O profissional da advocacia deve abster-se de: patrocinar causa contrária à ética, à moral ou à validade de ato jurídico em que tenha colaborado, orientado ou conhecido em consulta com cliente. O profissional da advocacia deve declinar impedimento ético quando tenha sido convidado pela outra parte, mediante revelação de segredos ou obtido parecer do advogado (art. 20 CED/2015).

Da Advocacia

- **Atividades privativas:** postulação ao Judiciário e juizados especiais (inciso I) e atividades de consultoria, assessoria e direção jurídicas (inciso II), ambos incisos referentes ao art. 1° EAOAB.

#musiquinha melodia – "A barata diz que tem 7 tiras de filó"

Todo advogado tem privativa atividade
Postular no Judiciário só ele que vai poder
Ra ra ra, re re re, só ele que vai poder
No juizado especial temos a postulação
Assessor e consultor como parte do labor
Ra ra ra, ro ro ro, como parte do labor
Todo advogado tem o poder de dirigir
Como diretor jurídico ele faz o que souber
Ra ra ra, re re re, ele faz o que souber.

- Lei n° 14.039, 17/08/20, art. 3°- A, dispõe que os serviços profissionais de advogado são técnicos e singulares, quando comprovada notória especialização, significa dizer que o profissional ou a sociedade de advogados cujo conceito no campo de sua especialidade, decorrente de desempenho anterior, estudos, experiências, publicações, organização, aparelhamento, equipe técnica ou ainda, requisitos relacionados com suas atividades, permita inferir que o seu trabalho é essencial e indiscutivelmente o que busca o mais adequado à plena satisfação do objeto do contrato.
- Regra: O *jus postulandi* (capacidade de representar alguém em juízo) é do advogado. Exceção *jus postulandi*: Postulação perante os Juizados Especiais nas causas que não ultrapassem o valor de 20 salários mínimos; Postulação na Justiça do Trabalho (art. 791 CLT); Postulação no Juizado Especial Cível Federal (art. 10 da Lei

10.259/01); Impetração de habeas corpus (HC); Postulação perante Juiz de paz. **#detalhe**

. **#detalhe**

- Ação Civil Pública, Ação Coletiva, Ação Popular e Mandado de Segurança **exigem a presença de advogado** em sua postulação. **#prontofalei**
- Estagiário = **atos isolados + sob responsabilidade do advogado:** retirar/devolver autos em cartório, obter certidões de peças ou autos, assinar petição de juntada, atividades extrajudiciais autorizadas pelo advogado (art. 29, §1°, RGEOAB e art. 3°, §2° do EAOAB). #jahcaiu
- O estagiário pode comparecer isoladamente para o exercício de atos extrajudiciais quando o advogado **autorizá-lo ou substabelecê-lo** (art. 29, §2°, RGEOAB).

Dos Direitos do Advogado

- Os direitos do advogado estão dispostos no art. 7° EAOAB, com 21 incisos, vamos falar de alguns, atentem-se #jahcaiu:
- **Inciso III** – o advogado pode comunicar-se com cliente preso **independente de procuração.**

  Vaticina o inciso III, do art. 7° EAOAB: "comunicar-se com seus clientes, pessoal e reservadamente, mesmo sem procuração, quando estes se acharem presos, detidos ou recolhidos em estabelecimentos civis ou militares, ainda que considerados incomunicáveis".
- **Inciso IV** – o advogado somente pode ser preso **em flagrante** em caso de crime inafiançável, por motivo

ligado **a advocacia**, sob pena de **nulidade** e **com** a presença de um **representante da OAB.**

Corrobora o inciso IV, do art. 7° EAOAB: "ter a presença de representante da OAB, quando preso em flagrante, por motivo ligado ao exercício da advocacia, para lavratura do auto respectivo, sob pena de nulidade e, nos demais casos, a comunicação expressa à seccional da OAB".

- A prisão em flagrante desvinculada da advocacia **não** precisa de um **representante da OAB**, apenas a comunicação expressa à Ordem dos Advogados do Brasil (art. 7°, inciso IV, do EAOAB).

#musiquinha – melodia – "Se essa rua fosse minha"

Nesta rua, nesta rua tem um 7
É o artigo do Estatuto da OAB
Ele trata dos direitos do colega
Nunca vá deste artigo se esquecer.
Ele pode falar com o seu cliente
Preso na delegacia com grilhão
O inciso 3° dispensa o mandato
Não precisa você procuração.
Será preso, será preso em flagrante
O colega que ferir sem compaixão
Todo crime dito inafiançável
Motivado e ligado à profissão
A OAB é quem irá representar
O colega que o crime cometer
O inciso IV do artigo 7
Do Estatuto da OAB tem que rever

- **Inciso V** – não há mais obrigatoriedade da OAB em reconhecer a prisão em sala de Estado Maior. O crime deste inciso **não precisa estar vinculado à advocacia.**

  Alude o inciso V, do art. 7º EAOAB: "não ser recolhido preso, antes de sentença transitada em julgado, senão em sala de Estado-Maior, com instalações e comodidades condignas e, na sua falta, em prisão domiciliar".

- Atente-se na diferença: **Inciso IV** – crime vinculado à advocacia. **Inciso V** – crime **NÃO** vinculado à advocacia. **#naoconfunda**

  Discorrem os incisos IV e V, do art. 7º EAOAB: "ter a presença de representante da OAB, quando preso em flagrante, por motivo ligado ao exercício da advocacia, para lavratura do auto respectivo, sob pena de nulidade e, nos demais casos, a comunicação expressa à seccional da OAB" e "não ser recolhido preso, antes de sentença transitada em julgado, senão em sala de Estado-Maior, com instalações e comodidades condignas e, na sua falta, em prisão domiciliar".

- **Inciso IX** – o advogado não tem direito de fazer a sustentação oral "após" o voto do relator e sim **"antes"** do voto do relator.

  Pressupõe o art. 937, do CPC/15: "Na sessão de julgamento, depois da exposição da causa pelo relator, o presidente dará a palavra, sucessivamente, ao recorrente, ao recorrido e, nos casos de sua intervenção, ao membro do Ministério Público, pelo prazo improrrogável de 15 (quinze) minutos para cada um, a fim de sustentarem suas razões. § 2º O procurador que desejar proferir sustentação oral poderá requerer, até o início da sessão, que o processo seja julgado em primeiro lugar, sem prejuízo das preferências legais".

- **Inciso XIV – não cabe sigilo** para o advogado em **repartições policiais**, ou seja, mesmo **sem procuração** terá acesso aos autos de flagrante ou inquérito (Alterado pela Lei 13.245/2016). **#detalhe**

  Elucida o inciso XIV, do art. 7º EAOAB: "examinar, em qualquer instituição responsável por conduzir investigação, mesmo sem procuração, autos de flagrante e de investigações de qualquer natureza, findos ou em andamento, ainda que conclusos à autoridade, podendo copiar peças e tomar apontamentos, em meio físico ou digital".

- **Inciso XVI** – retirar processos findos, sem procuração, em 10 dias. **Exceção:** segredo de justiça, no prazo legal, documento de difícil restauração ou motivo relevante.

  Veja o que trata o inciso XVI e § 10, do art. 7º EAOAB: "retirar autos de processos findos, mesmo sem procuração, pelo prazo de dez dias". § 10. "Nos autos sujeitos a sigilo, deve o advogado apresentar procuração para o exercício dos direitos de que trata o inciso XIV" (Alterado pela Lei 13.245/2016).

- **Inciso XVII** – o advogado **ofendido durante o exercício da atividade profissional** pode requerer seu **desagravo público.**

  Dispõe o inciso XVII, do art. 7º EAOAB: "ser publicamente desagravado, quando ofendido no exercício da profissão ou em razão dela" (ver também os arts. 18 e 19 do Regulamento Geral).

Art. 7º EAOAB, **inciso. XX** – ATRASO EM AUDIÊNCIA: o advogado **pode retirar-se** quando o Juiz se atrasar por mais de **30 minutos** do horário, devendo **peticionar e redesignar** a audiência.

Texto de lei do inciso XX, do art. 7º EAOAB: "retirar-se do recinto onde se encontre aguardando pregão para ato judicial, após trinta minutos do horário designado e ao qual ainda não tenha comparecido a autoridade que deva presidir a ele, mediante comunicação protocolizada em Juízo".

Dos Direitos da Advogada (art. 7º-A do EAOAB inserido pela Lei 13.363/2016): #prontofalei

- A mulher Gestante:
  - Entrada em Tribunais sem ser submetida a detectores de metais e aparelhos de raio-x.
  - Reserva de vaga em garagens dos Fóruns dos Tribunais.
- **Prazo:** Durante o estado gravídico.
- **Lactante, adotante ou que der à luz:** Acesso a creche ou a local adequado ao atendimento das necessidades do bebê. **Prazo:** 120 dias. Para a advogada lactante, o referido direito permanecerá durante o período de amamentação.
- **Gestante, lactante, adotante ou que der à luz:** Terá preferência na ordem de sustentação oral e das audiências, mediante comprovação de sua condição. **Prazo:** 120 dias. Para a advogada lactante, o referido direito permanecerá durante o período de amamentação.

- **Adotante ou que der à luz:** Suspensão de prazos processuais quando for a única patrona da causa, necessário notificar por escrito ao cliente.
- **Prazo: #detalhe**
  - Para advogada: suspensão por 30 dias a contar do parto ou da concessão da adoção.
  - Para advogado: se for o único patrono responsável pelo processo, este poderá ser suspenso até 8 dias a contar do parto ou da concessão da adoção. **#naoconfunda**

Das Relações com o Cliente e os Deveres do Advogado

> Arts. 10 e 18 CED/2015: **o mandato** judicial ou extrajudicial não se extingue pelo decurso de tempo, vez que permaneça a **confiança recíproca** entre as partes integrantes.

- Alude o art. 10 CED/2015: "As relações entre advogado e cliente baseiam-se na confiança recíproca. Sentindo o advogado que essa confiança lhe falta, é recomendável que externe ao cliente sua impressão e, não se dissipando as dúvidas existentes, promova, em seguida, o substabelecimento do mandato ou a ele renuncie".
- Já o art. 18 CED/2015: "O mandato judicial ou extrajudicial não se extingue pelo decurso de tempo, salvo se o contrário for consignado no respectivo instrumento".
- Art. 9° CED/2015 – **riscos do mandato:** o advogado tem que informar o cliente sobre o processo, ele é o responsável em alertar de todos os riscos da demanda.

Explica o artigo acima: "O advogado deve informar o cliente, de modo claro e inequívoco, quanto a eventuais riscos da sua pretensão, e das consequências que poderão advir da demanda. Deve, igualmente, denunciar, desde logo, a quem lhe solicite parecer ou patrocínio, qualquer circunstância que possa influir na resolução de submeter-lhe a consulta ou confiar-lhe a causa".

Inscrição na Ordem dos Advogados do Brasil (OAB)

- Lembre-se que os **requisitos para inscrição do advogado** estão previstos no art. 8° EAOAB.

  Trata o art. 8° EAOAB: "Para inscrição como advogado é necessário: I – capacidade civil; II – diploma ou certidão de graduação em direito, obtido em instituição de ensino oficialmente autorizada e credenciada; III – título de eleitor e quitação do serviço militar, se brasileiro; IV – aprovação em Exame de Ordem; V – não exercer atividade incompatível com a advocacia; VI – idoneidade moral; VII – prestar compromisso perante o Conselho".

- **Estrangeiro** ou **Brasileiro** formado no exterior **podem exercer a advocacia no Brasil**, desde que atendidos o **art. 8° EAOAB** e **requerer sua inscrição na OAB.**

  Discorre o art. 8° EAOAB e § 2° sequencialmente: "Para inscrição como advogado é necessário: I – capacidade civil; II – diploma ou certidão de graduação em direito, obtido em instituição de ensino oficialmente autorizada e credenciada; III – título de eleitor e quitação do serviço militar, se brasileiro; IV – aprovação em Exame de Ordem; V – não exercer atividade incompatível com a advocacia; VI – idoneidade moral; VII – prestar compromisso perante o Conselho. O estrangeiro ou brasileiro, quando não graduado em direito no Brasil, deve fazer prova do título de graduação, obtido em instituição estrangeira, devidamente revalidado, além de atender aos demais requisitos previstos neste artigo".

- A **inscrição principal** do advogado deve ser feita no **Conselho Seccional** em cujo território pretende estabelecer o seu **domicílio profissional.**

#musiquinha – melodia – "Pai Francisco entrou na roda"

Pra tirar sua carteira
Tem que ter sua inscrição
Bi-ri-ri bão bão
A principal sempre é feita
Na Seccional da sua região
Onde irá estabelecer
Seu domicílio de profissão

- Para a inscrição suplementar = **outro Estado + 5 causas por ano + habitualidade + Conselho Seccional diferente.** #detalhe
- **Mudança de domicílio profissional para outro Estado:** requerer a transferência da sua inscrição para o **Conselho Seccional correspondente.** #ficaadica
- O **Cancelamento** da inscrição é **definitivo.** A **licença** significa o afastamento **temporário** do advogado.
- **Cancelamento** ocorre: se requerer; sofrer exclusão; falecer; exercer atividade incompatível e definitiva com a advocacia; perda dos requisitos da inscrição.

- O advogado **será licenciado: requerer por motivo justificado, exercer atividade incompatível e temporária com a advocacia, sofrer doença mental curável.**

> **Se doença mental:**
> - **INCURÁVEL** = cancela (art. 11, V EAOAB).
> - **CURÁVEL** = licenciamento (art. 12, III EAOAB).

Preceitua o art. 11, V EAOAB: "Cancela-se a inscrição do profissional que: I – assim o requerer; II – sofrer penalidade de exclusão; III – falecer; IV – passar a exercer, em caráter definitivo, atividade incompatível com a advocacia; V – perder qualquer um dos requisitos necessários para inscrição".

Enquanto que o art. 12, III EAOAB: "Licencia-se o profissional que: (...) III – sofrer doença mental considerada curável".

Espécies de Advogados

- **Profissional liberal (não** mantém **vínculo empregatício).**
- **Advogado sócio** (inscritos na OAB e integram a sociedade de advogados).
- **Advogado associado (contrato de associação,** não é empregado).
- **Advogado empregado: jornada de 04h ou 20h semanais, exceto** quando houver **acordo ou convenção coletiva de trabalho,** ou ainda, em caso de **dedicação exclusiva.**
- **Horas extras** do advogado empregado: **100%** sobre o valor da hora normal. **#prontofalei.**

#musiquinha – melodia – "Eu vou eu vou pra casa agora eu vou"

Eu sou, eu sou
D´vogado empregado, eu sou
Parará tim bum, parará tim bum
Eu sou, eu sou
Eu sou e vou
Ganhar 100%, eu vou
De hora extra eu vou, de hora extra eu vou
Eu sou, eu vou, eu vou, eu vou

- **Adicional noturno** advogado empregado: Das 20h até às 5h do dia seguinte, com acréscimo **25%. #prontofalei**

  "Nas causas em que for parte o empregador, ou pessoa por esta representada, os honorários de sucumbência são devidos aos advogados empregados. Parágrafo único. Os honorários de sucumbência, percebidos por advogado empregado de sociedade de advogados são partilhados entre ele e a empregadora, na forma estabelecida em acordo".

Atos Nulos

- **É nulo** ato privativo de advogado não inscrito na OAB. Ex: estagiários, advogado impedido, suspenso, licenciado ou atividade incompatível. **#ficaadica**

Sociedade de Advogados

- Os advogados podem reunir-se em **sociedade simples, unipessoal** ou **pluripessoal**, de prestação de serviço **de**

advocacia, devendo ter o registro no **Conselho Seccional** da base territorial **que tiver sede**. #detalhe

- As **sociedades unipessoais** ou **individuais** de advogados terão os mesmos benefícios e tratamento jurídico do escritório composto por vários advogados. **#ficaadica**
- A razão social da **sociedade unipessoal** deverá ser formada pelo **nome de seu titular, completo ou parcial**, com a expressão "Sociedade Individual de Advocacia", **vedada** sigla ou expressão de fantasia. **#detalhe**
- **Importante: As** procurações devem ser outorgadas **individualmente** aos advogados e mencionar a sociedade de advogados que façam parte. **#ficaadica**
- Um advogado não pode integrar mais de uma **sociedade de advogados e/ou sociedade unipessoal** com sede ou filial **na mesma** área territorial do respectivo **Conselho Seccional.**

> Para abrir uma filial será necessário averbar o contrato social na matriz e arquivar a averbação no Conselho Seccional da filial. **Averba na matriz** e **arquiva na filial.**

- Advogados sócios de uma mesma sociedade de advogados não podem representar em juízo **clientes de interesses opostos. #ficaadica**
- **Responsabilidade subsidiária e ilimitada** do sócio e do titular da sociedade individual, por danos causados aos clientes, por ação ou omissão no exercício da advocacia, além da responsabilidade disciplinar. #detalhe

Mandato Judicial

> É vedado ao advogado patrocinar clientes situados em polos contrários, a procuração deve ser para o patrocínio de uma das partes **(tergiversação).**

- O **início do mandato** dá-se com a **assinatura do instrumento de procuração**, o qual pressupõe o contrato de mandato. **#detalhe**
- Há a possibilidade de **atuação sem procuração**, porém esta deverá ser apresentada dentro do prazo legal de **15 dias, prorrogável por igual período.**
- A extinção do mandato pode ocorrer com a: **Renúncia, Revogação, Substabelecimento sem reserva de poderes e Forma presumida.**
- **Renúncia** – direito do advogado, sem justificar. Deve permanecer ainda por **10 dias, salvo se** substituído. Deve dar a **ciência inequívoca do cliente. #jahcaiu**
- **Revogação – o cliente revoga** os poderes. É indispensável a **ciência inequívoca do advogado**, via AR (aviso de recebimento) por exemplo.
- **Substabelecimento sem reserva de poder** – o advogado transfere os poderes a outro advogado, por orientação e solicitação do cliente, e deve estar ciente. **#detalhe**
- **Forma presumida** – A **conclusão da causa** ou **arquivamento** do processo trata-se de hipóteses em que o cumprimento e a cessação do mandato estão presumidos.

Honorários Advocatícios

- Os honorários advocatícios têm **natureza alimentar. Há 3 tipos de honorários: advocatícios, convencionados e arbitrados judicialmente.**
- **Honorários Convencionados** – pactuados **entre o advogado e o cliente**, respeitando a Tabela de Honorários Advocatícios, evitando assim a concorrência desleal.
- **Honorário de Sucumbência** – condenação paga pela parte que perdeu ou sucumbiu. **Honorário Advocatício** – pago diretamente pelo cliente ao advogado. **#naoconfunda**
- **Na falta de convenção,** o pagamento dos honorários será feito em 3 momentos: **1/3 no início da prestação, 1/3 após a decisão de 1ª instância e 1/3 no final.**
- É lícito ao advogado ou à sociedade de advogados empregar, para o recebimento de honorários, sistema de cartão de crédito, mediante credenciamento junto a empresa operadora do ramo. **#detalhe**

Prestação de contas pelo advogado, o prazo de prescrição de honorários é de 5 anos a partir do término da ação, (art. 25-A do EAOAB, introduzido pela Lei 11.902/2009).

Alude o art. 25-A do EAOAB: "Prescreve em cinco anos a ação de prestação de contas pelas quantias recebidas pelo advogado de seu cliente, ou de terceiros por conta dele...".

Incompatibilidade e Impedimento

- **Incompatibilidade** equivale à **proibição total** do exercício da advocacia (art. 28 EAOAB), **não pode advogar** em hipótese alguma, nem mesmo em **causa própria.**

  Corrobora o art. 28 do EAOAB: "A advocacia é incompatível, mesmo em causa própria, com as seguintes atividades: I – chefe do Poder Executivo e membros da Mesa do Poder Legislativo e seus substitutos legais; II – membros de órgãos do Poder Judiciário, do Ministério Público, dos tribunais e conselhos de contas, dos juizados especiais, da justiça de paz, juízes classistas, bem como de todos os que exerçam função de julgamento em órgãos de deliberação coletiva da administração pública direta ou indireta; III – ocupantes de cargos ou funções de direção em órgãos da Administração Pública direta ou indireta, em suas fundações e em suas empresas controladas ou concessionárias de serviço público; IV – ocupantes de cargos ou funções vinculados direta ou indiretamente a qualquer órgão do Poder Judiciário e os que exercem serviços notariais e de registro; V – ocupantes de cargos ou funções vinculados direta ou indiretamente a atividade policial de qualquer natureza; VI – militares de qualquer natureza, na ativa; VII – ocupantes de cargos ou funções que tenham competência de lançamento, arrecadação ou fiscalização de tributos e contribuições parafiscais; VIII – ocupantes de funções de direção e gerência em instituições financeiras, inclusive privadas".

- Consequência do exercício de atividade incompatível em caráter **permanente** acarreta o **cancelamento** da inscrição (ex: Juiz, Promotor, analista judiciário).

- Exercício de atividade incompatível em caráter **temporário,** acarreta o **licenciamento** da inscrição na OAB (ex: Prefeito, Governador ou Presidente da República).
- **Hipóteses de Incompatibilidade:**
- **Inciso I – Chefe do Executivo** (Prefeito, Governador, Presidente e Vices) **e membros da Mesa do Legislativo e substitutos.** Demais parlamentares = impedidos.
- **Inciso II – Membros do Poder Judiciário:** os magistrados, juízes substitutos, juízes de Direito, desembargadores e os ministros dos tribunais.
- **Membros do Ministério Público:** os promotores de justiça, procuradores de justiça, procuradores da república e os procuradores regionais da república.
- Os **Juízes leigos** são impedidos. **Juiz classista** não existe mais, atente-se, que era considerado incompatível.
- **Inciso III** – Esse inciso engloba **como incompatíveis aqueles que são detentores de mando** (art. 28, § 2° EAOAB).
- **Exceção** para a incompatibilidade: Aqueles que desempenham administração acadêmica diretamente relacionada ao magistério público.
- **Inciso IV** – Trata dos técnicos, analistas, os contadores judiciais e os ligados indiretamente a esse Poder, como por exemplo, psicólogos, seguranças.
- Ainda os que exercem **serviços notariais e de registro**: tabeliães, notários, registradores e escreventes de cartório extrajudicial.

> Os funcionários da OAB são regidos pelo **regime celetista** e a eles aplica-se a **legislação trabalhista.**

Órgãos da OAB

- **São órgãos da OAB**: O Conselho Federal; Conselhos Seccionais; Subseções; Caixas de Assistência dos Advogados (CAA).
- O Conselho Federal é dividido em **5 órgãos**: Conselho Pleno; Órgão especial do Conselho Pleno; 1ª, 2ª e 3ª Câmaras; Diretoria do Conselho Federal; Presidente.
- As subseções são **criadas** com um mínimo de **15 advogados,** nela profissionalmente domiciliados.
- A CAA possui **personalidade jurídica própria e** são destinadas a prestar assistência aos inscritos no Conselho Seccional a que se vincule.
- A CAA é criada quando contarem com **mais de 1.500** advogados inscritos no Conselho Seccional a que se vincule.

Processo Disciplinar

- O **poder de punir disciplinarmente** compete ao **Conselho Seccional** em cuja base territorial tenha ocorrido a infração, SALVO falta cometida no Conselho Federal.
- Dá-se a instauração de processo disciplinar com a **representação de qualquer pessoa** ou **de ofício da própria OAB,** não admitindo anonimato de autoria.

- O processo disciplinar deve ocorrer **em sigilo,** até seu término. As partes, os defensores e a autoridade judiciária competente terão acesso.

Dos Recursos

- Os recursos têm **efeito suspensivo e devolutivo, exceto** (e só devolutivo): eleições; suspensão preventiva; cancelamento da inscrição com falsa prova. **#jahcaiu**

ATENÇÃO: Revisão é um processo que já foi julgado e será revisado pelo próprio órgão julgador. Recurso vai para o órgão superior. Prazo 15 dias.

DIREITOS HUMANOS

DIEGO PEREIRA MACHADO

- Ei colega, tenha fé e confiança, sua aprovação não vai ser uma lambança, mas sim uma ótima mudança!
- Para isso, leia abaixo, para sua autoconfiança ir para cima!
- Dessa forma, apenas atente para o fato de que os temas sobre Direitos Humanos estão presentes em **várias matérias, como Internacional, Constitucional, Penal e Processual.**
- Esse fenômeno deve lembrar a **eficácia irradiante dos direitos** das pessoas, ou seja, estão presentes em todas as esferas e todos os Poderes devem respeitá-los. **#prontofalei**
- A fonte principal é a CF, então lê-la é fundamental. Mas há conexão com o Direito Internacional, eis o Direito Internacional dos Direitos Humanos.
- Veja o art. 5º da CF, que é endereçado a todos, protege: pessoas naturais, pessoas jurídicas, nacionais e estrangeiros!
- Veja que a proteção do art. 5º é ampla, não protege uma "anta", mas sim o apátrida (sem nacionalidade)!
- Artigos da CF para leitura rapidinha antes da prova: 1º, 2º, 3º, 4º, 5º, 6º, 7º, 8º e 12. Os incisos do art. 5º são pura *decoreba*!

- O *caput* do art. 6° da CF prevê os direitos sociais (de 2ª dimensão; eles exigem um *face*, prestação do Estado): a educação, a saúde, a alimentação, o trabalho, a moradia, o transporte, o lazer, a segurança, a previdência social, a proteção à maternidade e à infância, a assistência aos desamparados!
- Há distinção: **direitos do homem** (cunho naturalista), **direito fundamentais** (proteção constitucional) e **direitos humanos** (proteção internacional).
- Na prática recorre-se mais à expressão: ***direitos humanos fundamentais.***
- O STF já disse que no Estado de Direito democrático "devem ser intransigentemente respeitados os princípios que garantem a prevalência dos direitos humanos", no HC 82.424.
- Mas fica tranquilo, o STF não está sozinho, nem você. Estamos juntos nessa! O STJ também fala muito sobre direitos fundamentais. Olha só:
    - O STJ já disse que os "direitos e garantias fundamentais elencados na Constituição Federal, contemplados na dimensão objetiva, consistem em norte para atuação valorativa do Estado na realização do bem comum. Já na dimensão subjetiva, permitem ao indivíduo se sobrepor à arbitrariedade estatal (...)", no HC 97336. "Sabe de nada inocente", esse STJ manja de dimensões dos direitos!
- Olha um ponto, colega. Relembre as principais características dos direitos:

Historicidade	*Imprescritibilidade*
Universalidade	*Efetividade*
Essencialidade	*Inviolabilidade*
Irrenunciabilidade	*Complementaridade*
Inalienabilidade	*Limitabilidade*
Indisponibilidade	*Vedação ao retrocesso*
Inesgotabilidade	*Inexauribilidade*
Indivisibilidade	

- E olha também, ou feche os olhos logo (rsrsrsrsrsrs!!!!), mas relembre os principais documentos históricos dos direitos:

Resumo da evolução histórica dos direitos humanos:	
1215	Magna Carta
1628	*Petition of Rights*
1689	Ato *Habeas Corpus*
1776	Declaração de Virgínia
1776	Declaração Americana da Independência
1789	Declaração dos Direitos do Homem e Cidadão
1848	Constituição Francesa
1917	Constituição Mexicana
1919	Constituição Alemã (de Weimer)
1919	Constituição da OIT

Resumo da evolução histórica dos direitos humanos:	
1945	Carta da ONU
1948	Declaração Universal dos Direitos Humanos

- Muitos não têm noção, mas o que muito cai é o tema geração!
- As gerações clássicas dos direitos humanos são:

  1ª) direitos de **liberdade (civis e políticos);**

  2ª) direitos de **igualdade (econômicos, sociais e culturais);**

  3ª) direitos de **fraternidade e solidariedade (difusos e coletivos). #jahcaiu**
- Há mais gerações, mas estou com preguiça agora, deixa pra próxima...
- Em caso de conflito entre normas de direitos humanos aplica-se o princípio *pro homine*. **#ficaadica**
- Além das proteções internas, há também diferentes sistemas internacionais de proteção: o global (ONU) e os regionais (europeu, americano e africano).
- O sistema de proteção interna tem diferentes mecanismos.
- A **cláusula material de abertura** já é conhecida, está no § 2º do art. 5º da CF.
- Há ainda a **constitucionalização dos tratados sobre direitos humanos** (§ 3º do art. 5º da CF).

- § 4° do art. 5° da CF: "O Brasil se submete à jurisdição de Tribunal Penal Internacional a cuja criação tenha manifestado adesão".
- **O IDC (Incidente de Deslocamento de Competência)** está previsto no art. 109, V-A e seu § 5°, da CF de 1988.
- O IDC é ***utilizado nas hipóteses de grave violação de direitos humanos, requerido pelo Procurador-Geral da República perante o STJ.*** **#alteracaorecente**
- **Saiba que já tem IDC de montão no STJ, por exemplo, os de números 01, 02, 03, 05, 09, 10, 14, 5 e 22. Dentre os vários entendimentos do STJ, ficou consagrado que:** *federalização exige prova de incapacidade das autoridades locais e risco de impunidade.*
- O aparato nacional de proteção é complementado pelos sistemas global e regional (importante estudar o americano, da OEA).
- **Sistema global:** gerenciado pela ONU, com alcance universal.

Principais documentos de proteção do sistema global:

- Carta da ONU, de 1945.
- Declaração Universal dos Direitos Humanos, de 1948.
- Pacto Internacional de Direitos Civis e Políticos, de 1966.
- Pacto Internacional de Direitos Econômicos, Sociais e Culturais, de 1966.

- **Sistema regional americano ou interamericano:** responsabilidade da OEA, no qual se insere o Brasil como membro.

> Principais documentos de proteção do sistema interamericano:
> - Carta da OEA ou de Bogotá, de 1948.
> - Convenção Americana de Direitos Humanos ou Pacto de San Jose da Costa Rica, de 1969.

- **Convenção Americana de Direitos Humanos, de 1969:** em vigor no ano de 1978. Apenas Estados membros da OEA podem aderir.
- E o Brasil já disse sim à convenção americana.
- Conforme Decreto brasileiro nº 678, de 06 de novembro de 1992, art. 1º, a Convenção Americana celebrada em 22 de novembro de 1969, "deverá ser cumprida tão inteiramente como nela se contém". O art. 2º do mesmo dispositivo dispõe que ao "depositar a carta de adesão a esse ato internacional, em 25 de setembro de 1992, o Governo brasileiro fez a seguinte declaração interpretativa: 'O Governo do Brasil entende que os arts. 43 e 48, alínea d, não incluem o direito automático de visitas e inspeções *in loco* da Comissão Interamericana de Direitos Humanos, as quais dependerão da anuência expressa do Estado".
- ***Sistema interamericano de petições individuais:*** envolve dois órgãos, um de natureza administrativa e política (Comissão) e outro judicial (Corte). **#macetao**

- ***Comissão Interamericana de DH:*** faz juízo de admissibilidade das petições individuais. Pode apresentar denúncias contra Estados membros da OEA.
- ***Legitimados para denunciar à Comissão:*** qualquer pessoa, grupo de pessoas ou ONG legalmente reconhecida em um ou mais Estados membros da OEA. **#jahcaiu**
- ***Não precisa de advogado no sistema de petições da OEA.*** **#detalhe**
- **Corte Interamericana de Direito Humanos:** julgar os pedidos admitidos pela Comissão e não solucionados em âmbito administrativo.
- Tanta coisa boa na vida e você aqui, fazendo a melhor, que é estudar e vencer.
- Então, decore o sistema de petições individuais do sistema da OEA.
- Em relação ao encaminhamento de petições dos indivíduos à Comissão, a Convenção Americana exige **requisitos que devem ser atendidos na petição inicial**. O art. 46 preceitua que, para que uma petição ou comunicação (conforme arts. 44 e 45 acima citados) seja admitida pela Comissão (juízo de admissibilidade), será necessário:

1 – **Esgotamento dos recursos da jurisdição interna:** que hajam sido interpostos e esgotados os recursos da jurisdição interna, de acordo com os princípios de Direito Internacional geralmente reconhecidos.

2 – **Dentro do prazo de 6 meses:** que seja apresentada dentro do prazo de seis meses, a partir da data em que o presumido prejudicado em seus direitos *tenha sido notificado da decisão definitiva*.

3 – **Inexistência de litispendência internacional:** que a matéria da petição ou comunicação não esteja pendente de outro processo de solução internacional.

4 – **Qualificação das partes e outros requisitos formais:** que, no caso do art. 44 (*qualquer pessoa ou grupo de pessoas, ou entidade não governamental*), a petição contenha *o nome, a nacionalidade, a profissão, o domicílio e a assinatura da pessoa ou pessoas ou do representante legal da entidade que submeter a petição.*

- **Mas cuidado,** os números 1 **(esgotamento dos recursos da jurisdição interna)** e 2 **(dentro do prazo de 6 meses)** supramencionadas **não serão exigidas** nas seguintes situações, desde que demonstradas na petição:

  a) **Desrespeito ao devido processo legal:** não existir, na legislação interna do Estado de que se trata, o devido processo legal para a proteção do direito ou direitos que se alegue que tenham sido violados.

  b) **Não acesso aos recursos:** não se houver permitido ao presumido prejudicado em seus direitos o acesso aos recursos da jurisdição interna, ou houver sido ele impedido de esgotá-los.

  c) **Violação à razoável duração do processo:** houver demora injustificada na decisão sobre os mencionados recursos.

- A Corte prolata sentenças internacionais definitivas e inapeláveis.

- As sentenças internacionais são diferentes de sentenças estrangeiras, somente estas precisam de homologação pelo STJ (*juízo de deliberação*).

- Para fechar, lembre-se de Leis importantes para os direitos humanos, como a Lei federal 13.146, de 06 de julho de 2015, que instituiu o Estatuto da Pessoa com Deficiência.
- De acordo com o art. 1° do Estatuto, institui-se a Lei Brasileira de Inclusão da Pessoa com Deficiência (Estatuto da Pessoa com Deficiência), destinada a assegurar e a promover, em condições de igualdade, o exercício dos direitos e das liberdades fundamentais por pessoa com deficiência, visando à sua inclusão social e à cidadania.
- E o parágrafo único do art. 1° preceitua que o Estatuto da Pessoa com Deficiência tem como base a *Convenção sobre os Direitos das Pessoas com Deficiência e seu Protocolo Facultativo*, referendados pelo Congresso Nacional em conformidade com o procedimento previsto no § 3° do art. 5° da Constituição Federal (trata-se de convenção equivalente às emendas constitucionais).

Cabe uma dica final, os direitos têm eficácia vertical (Estado e indivíduo) e também horizontal (entre particulares):
Leia os RE´s do STF: 160.222-8; 158.215; 201.819; e 161.243.

DIREITO INTERNACIONAL

Diego Pereira Machado

- O começo deve ser esclarecedor, até mesmo para futuramente não sentir dor! E a pior é a dor da não aprovação, então vamos logo para o *pancadão*!
- Distinguir é necessário, então não faça o contrário. *Direito Internacional Público* (DIPu) difere de *Direito Internacional Privado* (DIPri). **#naoconfunda**
- **DIPu**: conjunto de regras que regula comportamentos dos seus sujeitos, especialmente dos Estados. Também conhecido como *Direito das Gentes*.
- **DIPri:** o principal foco é a *solução dos conflitos interespaciais*, mas hoje já tem outros objetos (ex.: nacionalidade) **#detalhe**
- Sobre **DIPri**: A Lei de Introdução às Normas do Direito Brasileiro (LINDB) deve ser *decorada*!
- A *relação atípica* envolve *mais de uma jurisdição*, tem *elemento estrangeiro (estraneidade), assim, gera conflito e precisa de solução.*
- Dessa forma, não fique *parado, não seja bobão* veja logo qual é o *elemento de conexão. Regra no Brasil: é a lei do domicílio* **#macetao**
- A lei do domicílio regula *a capacidade, nome e personalidade.*
- A lei do domicílio do falecido *regula a sucessão.*

- A lei do domicílio do proprietário *regula os bens móveis.*
- A lei do domicílio de quem tem *a posse regula o penhor.* **#aplicacaopratica**

> - **Obrigações contratuais e extracontratuais:** lei do local onde se constituíram.
> - **Pessoas jurídicas:** lei do local onde se constituíram
> - **Bens imóveis e móveis que acompanham o proprietário:** lei da situação.
> - **Casamento:** lei do local da celebração.

- As normas de DIpri têm as seguintes características, são: *instrumentais; adjetivas; indiretas; indicativas; e não meritórias (SOBREDIREITO);*
- Já especificamente para as normas classificadas como **qualificadoras**: elas **não são nem conflituais e nem substanciais,** mas sim conceituais qualificadoras. Qualificam ou conceituam um instituto. Elas determinam, por exemplo, o domicílio e sua extensão.
- Não esqueça que os **contratos internacionais** são exemplos de relações atípicas.
- *Contratos internacionais são elaborados entre sujeitos de diferentes países,* com um ou mais elementos estrangeiros. **#prontofalei**
- Eles são regidos pelos seguintes princípios: *autonomia de vontade, pacta sunt servanda, consensualidade e boa-fé.*
- Aplica-se, em regra, como elemento de conexão a *lei do país onde se constituíram* do *art. 9º da LINDB.*

- Recentemente a LINDB foi alterada pela Lei 13.655, de 2018, com várias novidades. Veja apenas o art. 20: "Nas esferas administrativa, controladora e judicial, não se decidirá com base em valores jurídicos abstratos sem que sejam consideradas as consequências práticas da decisão".
- A **arbitragem** também é cobrada em prova. Pode ser aplicada aos contratos internacionais. **#jahcaiu**
- A arbitragem é importante recurso para solução pacífica de controvérsias, em âmbito interno e internacional.
- Ler Lei brasileira sobre arbitragem, a de nº **9.307, de 1996.**
- Todavia, cuidado: há a NOVA LEI DA ARBITRAGEM, de nº 13.129, de 2015, que alterou a 9.307. Quais alterações? Veja algumas das novidades abaixo, é só memorizar:
- "A administração pública direta e indireta poderá utilizar-se da arbitragem para dirimir conflitos relativos a direitos patrimoniais disponíveis".
- "A autoridade ou o órgão competente da administração pública direta para a celebração de convenção de arbitragem é a mesma para a realização de acordos ou transações".
- "A arbitragem que envolva a administração pública será sempre de direito e respeitará o princípio da publicidade".
- "Os árbitros poderão proferir sentenças parciais".
- "As partes e os árbitros, de comum acordo, poderão prorrogar o prazo para proferir a sentença final".
- "A parte interessada poderá pleitear ao órgão do Poder Judiciário competente a declaração de nulidade da sentença arbitral, nos casos previstos nesta Lei".

- "Antes de instituída a arbitragem, as partes poderão recorrer ao Poder Judiciário para a concessão de medida cautelar ou de urgência".
- "O árbitro ou o tribunal arbitral poderá expedir carta arbitral para que o órgão jurisdicional nacional pratique ou determine o cumprimento, na área de sua competência territorial, de ato solicitado pelo árbitro".

Na hora da prova o nervosismo poderá *aparecer*, mas não se preocupe, você irá *vencer*! Decore as próximas frases, sem *sacanagem*, não é uma viagem, mas sim ARBITRAGEM:

- As pessoas capazes de contratar poderão valer-se da **arbitragem.**
- A **arbitragem** serve apenas para dirimir litígios relativos a direitos patrimoniais disponíveis.
- As partes escolhem as regras e os **árbitros.**
- A **arbitragem** pode ser acionada por meio de convenção arbitral, assim entendida a cláusula compromissória ou o compromisso arbitral.

- Lembre-se da *competência internacional*, no CPC/15. E o CPC no art. 23 fixa a competência da autoridade judiciária brasileira, COM A EXCLUSÃO DE QUALQUER OUTRA, para decidir sobre: ações relativas a imóveis situados no Brasil; em matéria de sucessão hereditária, de bens situados no Brasil; e divórcio, separação judicial ou dissolução de união estável, partilha de bens situados no Brasil. ABAIXO FALO MAIS DISSO AQUI.
- O DIPu tem como fundamento o princípio ***pacta sunt servanda.*** Sendo assim, suas fontes devem ser cumpridas.

- **Quais são as fontes do Direito Internacional? É muito fácil, é só ler o art. 38 do Estatuto da Corte Internacional de Justiça:**
- I) As "**convenções internacionais**, sejam gerais ou particulares, que estabeleçam regras expressamente reconhecidas pelos Estados litigantes."
- II) O "**costume internacional** como prova de uma prática geralmente aceita como direito."
- III) Os "**princípios gerais do direito** reconhecidos pelas nações civilizadas."
- Só que as *decisões judiciais e as doutrinas* são meios auxiliares, não são fontes em sentido técnico. **#ficaadica**
- Atentar para o fato de o **art. 38 ser exemplificativo.**
- Há novas fontes: equidade e analogia; declarações unilaterais dos Estados; decisões das organizações internacionais; *soft law*; e *jus cogens*. **#ficaadica**
- Fonte mais importante: convenções ou tratados internacionais.
- Estudar **Direito dos Tratados é a DICA**, por isso, ler a *Convenção de Viena sobre Direito dos Tratados de 1969* é SUPIMPA.

A *Convenção de Viena sobre Direito dos Tratados de 1969* somente em dezembro de 2009 passou a ter força de norma escrita formal no Brasil.

Antes ainda assim era aplicada aqui, **só que como costume internacional.**

> Brasil: Decreto Legislativo 496, de 17 de julho de 2009, e Decreto 7.030, de 14 de dezembro de 2009 (promulgação pelo Presidente).
> A Convenção de 1969 foi adotada com *reservas/salvaguardas, referentes ao art.* 25 *(aplicação provisória) e ao art.* 66 *(solução judicial, arbitragem e conciliação).*

- Fórmula matemática para conceituar tratado internacional:

Acordo

+

escrito

+

celebrado por Estados ou organizações internacionais

+

regido pelo DIPu

+

quer conste de instrumento único ou conexos

+

sem denominação específica. #jahcaiu

- Como ele é celebrado no Brasil? Mais uma fórmula, **jogo rápido:**

1ª negociação preliminar e assinatura

+

2ª referendo do congresso

+

3ª ratificação do presidente

+

4ª promulgação e publicação. #jahcaiu

- ***Para se desvincular do tratado basta denúncia feita pelo Presidente, sem a participação do Congresso Nacional.*** **#ficaadica**
- Com o § 3º do art. 5º os tratados de direitos humanos **PODEM ser equivalentes às emendas constitucionais,** caso contrário, serão **supralegais. #alteracaorecente**
- **"É ilícita a prisão civil de depositário infiel, qualquer que seja a modalidade do depósito." #STFsumulou**
- "Descabe a prisão civil do depositário judicial infiel." **#STJsumulou**
- Todas as fontes são direcionadas aos **sujeitos do Direito** Internacional. Estes têm *personalidade jurídica internacional* e *capacidade internacional.*

Os principais sujeitos do Direito Internacional são: *OS ESTADOS; AS ORGANIZAÇÕES INTERNACIONAIS; E OS INDIVÍDUOS.*

Há outros com também com personalidade: *beligerantes e insurgentes; e o Vaticano.*

O *MERCOSUL*, que é uma organização internacional *intergovernamental*, tem personalidade própria.

A *União Europeia*, que já é *supranacional*, também tem personalidade própria.

- ***O particular é um dos mais recentes sujeitos.*** Conquistou este posto em razão da evolução internacional da proteção dos direitos humanos.
- Embora com capacidade internacional limitada, o indivíduo tem atuação ativa (denuncia violações a direitos) ou passiva (é responsabilizado).
- **O TPI é tribunal internacional para responsabilização penal internacional dos indivíduos.**
- O TPI foi criado em 1998 pelo Tratado de Roma, com vigência a partir de julho de 2001.
- O TPI se baseia na complementariedade. **#jahcaiu**
- Conforme Estatuto do TPI, a **entrega** é meio de cooperação entre o Tribunal e Estado parte, como o Brasil.
- **A entrega não se confunde com: expulsão, deportação e extradição.**
- **E sobre o assunto, eu alerto para você não ser um "bobocão", porque saiba que o Brasil tem uma nova LEI DE MIGRAÇÃO, a Lei 13.445, de 2017.**

- A nova Lei de Migração trouxe novidades, tais como classificar as medidas de retirada compulsória somente como ***repatriação, deportação e expulsão***, colocando a ***extradição*** em posição autônoma, como medida de cooperação.
- E seguindo o baile... dentro dos sujeitos internacionais, atentar ***para as organizações internacionais, especialmente para a ONU***, criada em 1945 pela Carta de São Francisco.
- **Órgãos da ONU:** Assembleia-Geral; Conselho de Segurança; Corte Internacional de Justiça; Secretariado; Conselho de Tutela; e Conselho Econômico e Social.
- Conselho de Segurança possui 15 membros.
- Conselho de Segurança: 5 membros permanentes (EUA, França, Reino Unido, Rússia e China).
- Conselho de Segurança: 10 membros não permanentes.
- Todos os 15 têm direito a **voto**, mas somente os permanentes podem **vetar**.
- Os sujeitos se relacionam internacionalmente, principalmente por meio das **relações diplomáticas e consulares.**
- Sempre devem ser observados os princípios que regem o Brasil nas relações internacionais (art. 4° da CF).
- *Ler: Convenção de Viena sobre Relações Diplomáticas*, de 1961, e *Convenção de Viena sobre Relações Consulares*, de 1963.
- As imunidades dos agentes diplomáticos e consulares são importantes para a manutenção das relações entre Estados.

- **Imunidades diplomáticas:** de natureza civil, penal e fiscal. Inclui familiares que acompanham. Só sob aspecto penal são absolutas (atos comuns e de ofício).

- **Imunidades consulares:** restritas; natureza civil, penal e fiscal. Familiares somente em certas situações. Somente atos no exercício da função.

- Sobre imunidades, dá uma olhada nesse tema, o de nº 944, do SUPER Supremo: "(...) O alcance da imunidade de jurisdição de Estado estrangeiro em relação a ato de império ofensivo ao direito internacional da pessoa humana é tema constitucional digno de submissão à sistemática da repercussão geral (...). A controvérsia consiste em definir a viabilidade de processamento e julgamento de lide que envolve Estado soberano estrangeiro por parte do Poder Judiciário brasileiro (...). Preliminar de repercussão geral reconhecida".

- **E o CPC/15 e o Direito Internacional, quanta novidade!!!!**

- A Lei 13.105, de 2015, regulamenta o Código de Processo Civil (CPC), e apresenta conceitos atuais que envolvem o Direito Internacional, particularmente o Privado (DIPri). Vejamos alguns pontos imprescindíveis:

- Quanto à aplicação das normas processuais, o art. 13 do CPC preceitua que "A jurisdição civil será regida pelas normas processuais brasileiras, ressalvadas as disposições específicas previstas em tratados, convenções ou acordos internacionais de que o Brasil seja parte".

- O Título II apresenta os "LIMITES DA JURISDIÇÃO NACIONAL E DA COOPERAÇÃO INTERNACIONAL", cuja escolha pelos redatores do texto normativo foi muito feliz, haja vista ser mais didático e elucidativo, especialmente porque nele inserem-se ditames sobre **competência internacional**.

- Nessa linha, eis o art. 21 do CPC, *in verbis*: "Compete à autoridade judiciária brasileira processar e julgar as ações em que: I – o réu, qualquer que seja a sua nacionalidade, estiver domiciliado no Brasil; II – no Brasil tiver de ser cumprida a obrigação; III – o fundamento seja fato ocorrido ou ato praticado no Brasil. Parágrafo único. Para o fim do disposto no inciso I, considera-se domiciliada no Brasil a pessoa jurídica estrangeira que nele tiver agência, filial ou sucursal".

- Já o art. 22 complementa o art. 21, da seguinte forma: "Compete, ainda, à autoridade judiciária brasileira processar e julgar as ações: I – de alimentos, quando: a) o credor tiver domicílio ou residência no Brasil; b) o réu mantiver vínculos no Brasil, tais como posse ou propriedade de bens, recebimento de renda ou obtenção de benefícios econômicos; II – decorrentes de relações de consumo, quando o consumidor tiver domicílio ou residência no Brasil; III – em que as partes, expressa ou tacitamente, se submeterem à jurisdição nacional".

- O art. 23 trata da **competência absoluta** da autoridade judiciária brasileira, com exclusão de qualquer outra. Cabendo, dessa forma, somente ao julgador brasileiro solucionar o conflito quando se tratar de: "I – conhecer de ações relativas a imóveis situados no Brasil; II – em matéria de sucessão hereditária, proceder à confirmação de testamento particular e ao inventário e à partilha de bens situados no Brasil, ainda que o autor da herança seja de nacionalidade estrangeira ou tenha domicílio fora do território nacional; III – em divórcio, separação judicial ou dissolução de união estável, proceder à partilha de bens situados no Brasil, ainda que o titular seja de nacionalidade estrangeira ou tenha domicílio fora do território nacional".

- Como dispositivo nitidamente limitativo da jurisdição do Estado brasileiro, o art. 25 apregoa que: "Não compete à autoridade judiciária brasileira o processamento e o julgamento da ação quando houver cláusula de eleição de foro exclusivo estrangeiro em contrato internacional, arguida pelo réu na contestação. § 1º Não se aplica o disposto no caput às hipóteses de competência internacional exclusiva previstas neste Capítulo. (...)".

- **O CPC/15, também de** forma inovadora, possui capítulo próprio sobre "COOPERAÇÃO INTERNACIONAL".

- **O** CPC/15 preceitua por meio do seu art. 26 que a cooperação jurídica internacional será regida por tratado de que o Brasil faz parte e observará alguns princípios, como o respeito às garantias do devido processo legal no Estado requerente e a igualdade de tratamento entre nacionais e estrangeiros, residentes ou não no Brasil.

- **De acordo com o CPC, a** cooperação jurídica internacional poderá ter como objeto:

I – citação, intimação e notificação judicial e extrajudicial;

II – colheita de provas e obtenção de informações;

III – homologação e cumprimento de decisão;

IV – concessão de medida judicial de urgência;

V – assistência jurídica internacional;

VI – qualquer outra medida judicial ou extrajudicial não proibida pela lei brasileira.

- Em prosseguimento, o CPC/15, felizmente, regulamenta o moderno mecanismo de cooperação: o **AUXÍLIO DIRETO**!
- O art. 28 elucida que cabe "auxílio direto quando a medida não decorrer diretamente de decisão de autoridade jurisdicional estrangeira a ser submetida a juízo de delibação no Brasil".
- Ademais, a "solicitação de auxílio direto será encaminhada pelo órgão estrangeiro interessado à autoridade central, cabendo ao Estado requerente assegurar a autenticidade e a clareza do pedido" (art. 29).
- Já o art. 30 merece lançamento literal: "Além dos casos previstos em tratados de que o Brasil faz parte, o auxílio direto terá os seguintes objetos: I – obtenção e prestação de informações sobre o ordenamento jurídico e sobre processos administrativos ou jurisdicionais findos ou em curso; II – colheita de provas, salvo se a medida for adotada em processo, em curso no estrangeiro, de competência exclusiva de autoridade judiciária brasileira; III – qualquer outra medida judicial ou extrajudicial não proibida pela lei brasileira".
- Quando se trata de auxílio direto, as comunicações entre as autoridades centrais, bem como sua rapidez e sua sigilosidade, mostram-se como pressupostos de eficiência.
- Por essa razão, o art. 31 do CPC consagra que a "autoridade central brasileira comunicar-se-á diretamente com

suas congêneres e, se necessário, com outros órgãos estrangeiros responsáveis pela tramitação e pela execução de pedidos de cooperação enviados e recebidos pelo Estado brasileiro, respeitadas disposições específicas constantes de tratado".

- A AGU, Advocacia-Geral da União, conforme art. 33 do CPC, tem a missão de – recebido o pedido de auxílio direto passivo – requerer em juízo a medida solicitada. Sendo que o Ministério Público somente requererá em juízo a medida solicitada quando ele próprio for autoridade central.
- Cabe ao juízo federal do lugar em que deva ser executada a medida apreciar pedido de auxílio direto passivo (recebido pelo Brasil) que demande prestação de atividade jurisdicional.
- Quanto à **carta rogatória** o CPC consolida entendimentos jurisprudenciais, vejamos.
- Nessa linha, resta assentado que o procedimento da carta rogatória perante o Superior Tribunal de Justiça é de jurisdição contenciosa e deve assegurar às partes as garantias do devido processo legal.
- Contudo, a defesa restringir-se-á à discussão quanto ao atendimento dos requisitos para que o pronunciamento judicial estrangeiro produza efeitos no Brasil.
- Em qualquer hipótese, é vedada a revisão do mérito do pronunciamento judicial estrangeiro pela autoridade judiciária brasileira.

- A Imunidades dos Estados, que é relativa, é regida pelo costume internacional. Não se aplicam as Convenções de Viena de 1961 e de 1963.
- Imunidade das organizações internacionais – Conforme Tratado constitutivo e acordo de sede.
- o TST já decidiu que as organizações internacionais gozam de imunidade absoluta quando amparados por norma internacional incorporada ao ordenamento brasileiro, não se aplicando o costume (OJ 416 da SDI-I do TST).

DIREITO CONSTITUCIONAL

EDEM NÁPOLI

- No sentido sociológico Ferdinand Lassalle sustenta, em sua obra *A essência da Constituição*, que ela está no plano do ser, fruto da **realidade social. #ficaadica**
- No sentido político, Carl Schmitt defende, em sua obra *Teoria da Constituição*, que ela corresponde ao conjunto de **decisões políticas fundamentais. #ficaadica**
- No sentido jurídico, Hans Kelsen, em sua obra *Teoria Pura do Direito*, vê a Constituição como norma pura, suprema, positivada, **fundamento de validade de todo o ordenamento jurídico. #ficaadica**
- Dentro do sentido jurídico há o sentido lógico-jurídico e o sentido jurídico-positivo. **#naoconfunda**
- O sentido lógico-jurídico corresponde à própria **norma hipotética fundamental**, uma norma suposta cuja função é validar a norma positivada. **#naoconfunda**
- O sentido jurídico-positivo diz respeito à própria **norma posta**, à própria Constituição positivada. **#naoconfunda**
- Hoje já é famoso o **sentido cultural**, ideal, total ou culturalista de Constituição, que a enxerga como uma mescla de todos os sentidos.
- Classificação da Constituição brasileira: **#ficaadica**
- Quanto ao conteúdo: formal.
- Quanto à forma: escrita.

- Quanto à origem: promulgada.
- Quanto à estabilidade: rígida.
- Quanto à extensão: analítica.
- Quanto à essência ou ontologia: nominalista (pretende ser normativa).
- Quanto à elaboração: dogmática.
- Quanto à ideologia: eclética.
- Quanto à sistematização: unitária.
- Quanto à finalidade: dirigente.
- Quanto ao sistema: principiológica.
- Quanto à função: definitiva.
- Quanto ao local de elaboração: autônoma.
- Normas de **eficácia plena** possuem aplicação direta, imediata e eficácia integral.
- Aplicação direta é porque não dependem de outra norma regulamentadora. Imediata, porque desde a promulgação e entrada em vigor podem produzir efeitos. **#ficaadica**
- Eficácia integral significa que não podem ter a abrangência reduzida por outras normas.
- Como exemplo tem-se normas que criam órgãos e atribuem competências.
- Normas de **eficácia contida** possuem aplicação direta, imediata, mas eficácia não integral. Ou seja, podem ter a abrangência contida, reduzida por outras normas. **#ficaadica**

- Essa restrição, contenção ou redução pode advir tanto de normas infraconstitucionais quanto de normas da própria Constituição.
- Normas de **eficácia limitada**, por sua vez, possuem aplicação indireta, mediata e eficácia reduzida.
- Indireta porque dependem de outra regulamentadora. Mediata porque desde a promulgação e entrada em vigor não estão aptas a produzir todos os seus efeitos. **#ficaadica**
- Além disso, a eficácia é reduzida porque não são normas autoaplicáveis.
- A norma de eficácia limitada pode se dividir em norma de princípio institutivo ou organizativo e em norma programática. **#naoconfunda**
- Normas de **princípio institutivo ou organizativo** são normas relacionadas à organização e estruturação de entidades, órgãos e instituições. **#naoconfunda**
- Exemplo, art. 33 – *A lei disporá sobre a organização administrativa e judiciária dos territórios.*
- **Normas programáticas** são as que se revestem de promessas ou programas a serem implementados pelo Estado para a consecução dos seus fins sociais. **#naoconfunda**
- Como exemplo de normas programáticas temos as constantes do art. 3º da CF que consagram os objetivos fundamentais da República.
- Para Maria Helena Diniz, as normas do ADCT são de **eficácia exaurida**, pois cumprida a finalidade para a qual a norma foi criada, exaurem-se os seus efeitos. **#detalhe**

* Há, ainda, quem se refira às cláusulas pétreas como **normas supereficazes**, já que não podem ser abolidas do texto constitucional. **#detalhe**

- O STF adotou a tese da **irrelevância jurídica** do preâmbulo. **#ficaadica**
- A expressão "Deus" prevista no preâmbulo não ofende a ideia de Estado laico. **#jahcaiu**
- O preâmbulo não constitui norma de repetição obrigatória por parte das Constituições estaduais. **#jahcaiu**
- O preâmbulo não compõe o bloco de constitucionalidade, não podendo servir de parâmetro para o exercício do controle. **#jahcaiu**
- A parte dogmática da Constituição diz respeito aos artigos, parágrafos, incisos e alíneas. Tem força jurídica e podem servir de parâmetro para o controle.
- As normas do ADCT servem para disciplinar situações transitórias e estabelecer um intercâmbio entre o direito pré-constitucional e o direito constitucional.
- As normas do ADCT, assim como as normas da parte dogmática, possuem relevância jurídica, vinculam os cidadãos e os poderes públicos e também podem sofrer controle. **#prontofalei**
- Poder constituinte é o poder de criar uma Constituição, proceder às reformas necessárias à sua atualização e instituir coletividades políticas regionais. **#prontofalei**
- O grande teórico do Poder Constituinte é o **Abade Emmanuel Joseph Sieyès,** com a sua obra, ***O que é o terceiro Estado?*** (traduzida como *A constituinte burguesa*). **#detalhe**

- Para Sieyès o titular do poder constituinte era a nação. Para as provas, normalmente é o povo. **#jahcaiu**
- Titularidade é diferente de exercício, pois normalmente o poder é exercido por representantes do titular. **#prontofalei**
- A titularidade é permanente, o exercício é temporário, pois a atividade do exercente cessa com a criação constitucional. **#naoconfunda**
- Foi o Abade quem, pela primeira vez, distinguiu poder constituinte de poderes constituídos. **#prontofalei**
- Sobre natureza do poder constituinte, para os jusnaturalistas, é um poder jurídico limitado pelo direito natural. Já para os juspositivistas, é um poder de fato ilimitado. **#naoconfunda**
- A despeito da polêmica, a rigor o poder constituinte pode ser dividido em originário e derivado.
- Originário é o poder de criar uma Constituição. De inaugurar uma nova ordem jurídica, uma nova ordem constitucional. **#prontofalei**
- O poder originário se caracteriza por ser, em regra: inicial, autônomo, ilimitado e incondicionado. **#jahcaiu**
- Porém, já há quem diga que o poder originário não é de todo ilimitado, pois encontraria limites no direito supralegal, suprapositivo. **#jahcaiu**
- Assim, princípios internacionais de justiça atrelados à ideia de proteção dos direitos humanos e de proibição do retrocesso são apontados como limites ao poder originário. **#prontofalei**

- O poder derivado se caracteriza por ser derivado (secundário), limitado e condicionado. **#prontofalei**
- Este poder derivado se divide em reformador (poder de atualizar o texto) ou decorrente (poder de elaborar Constituições estaduais e LODF). **#jahcaiu**
- Lembrando que o poder de reforma se apresenta tanto por emendas constitucionais, quanto por emendas revisionais. Hoje só usamos as emendas constitucionais. **#prontofalei**
- Normas definidoras de **direitos fundamentais** têm aplicação **imediata.** Os direitos expressos **não excluem outros** (rol exemplificativo).

> Tratados internacionais de **direitos humanos** aprovados com o mesmo procedimento das **emendas constitucionais** possuirão o mesmo status das mesmas. **#ficaadica**

- Segundo o STF, não só os brasileiros e estrangeiros residentes no país, **como também os turistas** são titulares de direitos fundamentais.
- **Pessoas jurídicas,** inclusive as de direito público, **podem titularizar** direitos fundamentais, no que couber. Mas só as de direito privado podem sofrer dano moral.
- Segundo o STF, em razão da **eficácia horizontal**, os direitos fundamentais também **se aplicam** às **relações privadas.**
  - Pela eficácia diagonal, tem-se a incidência dos direitos fundamentais em relações particulares, porém marcadas pelo desequilíbrio e desigualdade. Ex. relação trabalhista e consumerista.

- Para Marinoni, há ainda a eficácia vertical com repercussão lateral, que decorre do direito fundamental à efetiva tutela jurisdicional.
- Por ela, é possível pleitear que o Judiciário supra a lacuna legislativa de promoção da igualdade nas relações, vinculando os particulares.

- Segundo Paulo Bonavides, a **quinta dimensão** dos direitos fundamentais é representada pelo **direito à paz.**
    - Hoje já há quem defenda o direito à água potável como a face da 6ª dimensão dos direitos fundamentais.
- Ninguém será privado de direitos pela escusa de consciência, **salvo** se a invocar para eximir-se de cumprir obrigação a todos imposta e prestação alternativa legal.
- Ninguém pode penetrar na casa alheia sem consentimento, **salvo** em caso de flagrante delito, desastre, socorro, ou de dia, por ordem judicial. **#prontofalei**
- Com o **STF**, considera-se casa para fins de inviolabilidade de domicílio: o escritório e consultório profissionais, bem como o quarto de hotel ou motel. **#jahcaiu**
- Para o STF, é possível, por ordem judicial, a entrada em escritório de advocacia à noite para a instalação de equipamentos de escuta ambiental.
- As associações só poderão ser compulsoriamente dissolvidas ou ter suas atividades suspensas por **decisão judicial.**
- Lembrando que para **dissolução compulsória**, é preciso que essa decisão judicial tenha **transitado em julgado.** **#naoconfunda**

- Racismo e ação de grupos armados contra a ordem constitucional e o Estado Democrático: únicos **inafiançáveis** e **imprescritíveis. #naoconfunda**
- T.T.T.H. (tráfico, tortura, terrorismo e hediondos): são **inafiançáveis** e **insuscetíveis de graça ou anistia. #naoconfunda**
- Não será concedida extradição de estrangeiro por crime político ou de opinião. **#jahcaiu**
- No âmbito **judicial** e **administrativo,** são assegurados a razoável duração do processo e os meios que garantam a celeridade de sua tramitação. **#ficaadica**
- A **lei não** poderá estabelecer distinções entre natos e naturalizados, **salvo** os casos previstos na própria **Constituição.**

> Os cargos privativos de natos são **MP3.COM.**
> **M** = Ministros do STF; **P3** = Presidente da República (e Vice), da Câmara e do Senado; **C** = carreira diplomática; **O** = oficial das Forças Armadas e **M** = Ministro de Estado da Defesa. **#macetao**

- O **nato nunca** poderá ser extraditado. O **naturalizado** poderá: **crime comum** (antes da naturalização) e **tráfico de drogas** (antes ou depois). **#naoconfunda**
- A **perda da nacionalidade** se dá de duas formas:

I. por cancelamento de naturalização por decisão judicial transitada em julgado.

Nesta primeira hipótese de perda, a reaquisição depende do julgamento procedente de uma **ação rescisória. #jahcaiu**

II. por aquisição de outra nacionalidade, salvo: **a)** reconhecimento de nacionalidade originária pelas leis estrangeiras; ou **b)** por imposição como condição de permanência no país ou de exercício dos direitos civis.

- Aqui a reaquisição depende de formulação de requerimento ao Ministro da Justiça, para posterior decisão do Presidente da República.
- É condição de elegibilidade a idade mínima de: 18 – Vereador; 21 – Deputado Federal, Estadual, Distrital, Prefeito (Vice) e juiz de paz; 30 – Governador (Vice); 35 – Presidente da República (Vice) e Senador da República. **#naoconfunda**
- Todas as idades devem ser comprovadas na data da posse, salvo para Vereador, que é no dia do pedido do registro de candidatura.
- São **absolutamente** inelegíveis: **inalistáveis** (estrangeiros e conscritos) e **analfabetos. #ficaadica**
- Logo, ao mesmo tempo são inalistáveis e inelegíveis: apenas os estrangeiros e conscritos. **#jahcaiu**
- Chefes do Poder Executivo somente podem ser reeleitos para um único período subsequente.
- Chefes do Poder Executivo, para se candidatarem a **outros cargos**, devem **renunciar** aos respectivos mandatos em até **seis meses** antes do pleito.
- Parentes dos chefes do Executivo são inelegíveis no território do titular, **salvo** se já possuírem mandato e forem candidatos à **reeleição. #detalhe**
- A dissolução da sociedade ou do vínculo conjugal, no curso do mandato, **não afasta** a inelegibilidade reflexa

do § 7º, art. 14, da CF (**súmula vinculante nº 18**). Mas a morte afasta a inelegibilidade. **#STFsumulou**

- **Cabe** *habeas corpus* para impugnar decisão judicial que autoriza a quebra de sigilo bancário em procedimento criminal.
- Com a **nova lei** do mandado de segurança, não só o réu, mas também a autoridade coatora têm direito de recorrer de eventual decisão desfavorável.
- **Não** existe foro por prerrogativa de função em sede de ação popular. **#ficaadica**
- Com a **súmula nº 2** do **STJ**, não cabe *habeas data* se não houve recusa de informações por parte da autoridade administrativa. **#STJsumulou**
- Para o **STF**, decisão em mandado de injunção poderá, desde logo, estabelecer a regra do caso concreto, de modo a viabilizar o exercício do direito.
- Com a lei 13.300/16, cabe também mandado de injunção coletivo, a ser impetrado pelos mesmos legitimados do mandado de segurança coletivo, acrescidos do Ministério Público e da Defensoria Pública.
- A inconstitucionalidade pode ser por **ação (existência** de norma inconstitucional) ou **omissão (inexistência** de norma regulamentadora da Constituição).
- Também pode ser **formal** (chamada de nomodinâmica) ou **material** (nomoestática). A primeira traduz vício na **forma**. A segunda, no **conteúdo. #jahcaiu**
- Quanto ao momento, o controle de constitucionalidade pode ser classificado como **prévio** (preventivo) ou **posterior** (repressivo). **#naoconfunda**

- Todos os poderes realizam tanto o controle preventivo, quanto o controle repressivo de constitucionalidade. **#ficaadica**
- Preventivo pelo Legislativo: **Comissões** de Constituição e Justiça analisando a constitucionalidade dos projetos de lei.
- Preventivo pelo Executivo: **veto** jurídico. No âmbito federal, o titular do veto é o Presidente da República. Veta-se o projeto, e não a lei.
- Preventivo pelo Judiciário: impetração de **mandado de segurança** por parlamentar para proteger seu direito-função a um processo legislativo juridicamente hígido.
- Segundo o STF, o MS é cabível contra PEC violadora de cláusula pétrea ou para assegurar a observância das formalidades do processo legislativo constitucional.
- Repressivo pelo Legislativo: rejeição de medida provisória. Lembrando que MP, embora não seja lei, tem força de lei.
- Repressivo pelo Executivo: com a jurisprudência, descumprimento de lei ou ato pelo chefe do Executivo por entender inconstitucional.
- Repressivo pelo Judiciário: é a regra. Lembrando que, no Brasil, o controle de constitucionalidade se classifica como **jurisdicional misto.**
- É jurisdicional porque, em regra, é desempenhado pelo Judiciário. É misto porque abarca, num só tempo, as modalidades **difuso** e **concentrado.**
- O controle **difuso** também é conhecido como: concreto, incidental, *incidenter tantum* e via de exceção. **#naoconfunda**

- O controle **concentrado** também é conhecido como: abstrato, principal, *principaliter tantum* e via de ação. **#naoconfunda**
- O controle difuso surge nos **EUA**, em **1803**, no célebre caso **Marbury X Madison.**
- No âmbito dos tribunais, como regra, órgãos fracionários não podem declarar a inconstitucionalidade das leis e atos normativos, apenas o órgão pleno (CF, art. 97). **#ficaadica**
- Somente pelo voto da **maioria absoluta** de seus membros (ou do órgão especial), poderão os tribunais declarar a inconstitucionalidade das leis e atos normativos. **#jahcaiu**
- Excepciona-se a cláusula de reserva de plenário (art. 97) se já houver decisão do pelo no STF ou do próprio tribunal no sentido da inconstitucionalidade.

> Já com a **súmula vinculante nº 10**, não podem também os órgãos fracionários afastar a incidência, no todo ou em parte, da lei objeto de discussão. **#STFsumulou**

- Como regra, os efeitos da decisão definitiva de mérito no controle difuso são: ***inter partes*** e ***ex tunc***.
- Com o **art. 52, X**, compete ao **Senado** suspender a execução, no todo ou em parte, da lei declarada inconstitucional por decisão definitiva do STF.
- Caso o Senado, por meio de **resolução**, faça uso dessa faculdade, os efeitos que eram restritos às partes se estenderão para todos (***erga omnes* e *ex nunc*, como *regra***).

- Recentemente o STF assumiu orientação de mutação constitucional desse art. 52, X, no sentido de que: i) cabe ao STF estender os efeitos da decisão concreta para todos; ii) a Resolução do Senado dará mera publicidade ao quanto decidido pelo STF. Tema não pacificado e ainda em debate no STF.
- A **ADI**, tendo por parâmetro a **CF**, é cabível em face de lei ou ato normativo **federal** ou **estadual. #naoconfunda**
- A **ADC**, tendo por parâmetro a **CF**, é cabível em face de lei ou ato normativo **federal. #naoconfunda**
- Tendo por parâmetro a **CF**, a competência para julgamento das ações do controle concentrado é do **STF.**
- A única ação do controle **concentrado** cabível em face de **lei municipal**, tendo por parâmetro a **CF**, é a **ADPF. #ficaadica**

> O art. 103 da CF traz os legitimados para a propositura das ADI, ADO, ADC e ADPF. Eles perfazem o processo de memorização **3/4 M.A.E. #macetao**

- 4M (4 Mesas) = Mesa da Câmara dos Deputados, Mesa do Senado Federal, Mesa das Assembleias Legislativas e Mesa da Câmara Legislativa do DF. **#macetao**
- 4A (4 Autoridades) = Presidente da República, Procurador-Geral da República, Governador de Estado e Governador do DF. **#macetao**
  - Segundo o STF, Governador afastado do cargo perde a qualidade de legitimado.

- 4E (4 Entidades) = partido político com representação no Congresso Nacional, Conselho Federal da OAB, confederação sindical e entidade de classe de âmbito nacional. **#macetao**
- São legitimados **especiais**: Mesa das Assemb. Legislativas, Mesa da Câm. Legislativa do DF, Gov. de Estado e do DF, confederação sindical e entidade de classe nacional.
- Esses especiais (ou interessados) precisam demonstrar pertinência temática (interesse subjetivo). **#naoconfunda**
- Todos os demais são legitimados **universais** (ou neutros), e por isso não precisam demonstrar a pertinência temática. **#naoconfunda**
- Precisam de **advogado (e procuração com poderes específicos)**: partido político com representação do Congresso Nacional, confederação sindical e entidade de classe de âmbito nacional. **#naoconfunda**
- No controle concentrado é **vedada** a **intervenção de terceiros**, mas se **admite** o ***amicus curiae*** (amigo da corte = terceiro *sui generis*).
- Para o STF não cabe recurso nem da decisão que admite, nem da que inadmite o amigo da corte.
- O **legitimado ativo** para a propositura da **ADI interventiva**, no âmbito federal, é o **Procurador-Geral da República.** Quem julga é o STF.
- A **ADPF**, nascida com a CF/88, é cabível em face de lesão a preceito fundamental. Tem caráter **subsidiário** = só cabe se não houver outro meio eficaz. **#ficaadica**
- **Cabe** liminar em **ADO** (art. 12-F da lei 9.868/99). **#alteracaorecente**

- As atribuições do Presidente da República estão descritas no art. 84 da CF. O rol é **exemplificativo**, conforme sinaliza o inciso **XXVII**.
- Dessas atribuições, apenas podem ser delegadas as previstas nos incisos **VI, XII** e **XXV primeira parte**. São elas:
- VI) dispor mediante decreto sobre:
- a) organiz. e funcionamento da adm. federal, quando não implicar aumento de despesas nem criação ou extinção de órgãos; **#naoconfunda**
- b) extinção de cargos ou funções públicas **quando vagos. #naoconfunda**
- XII) conceder indulto e comutar penas, com audiência, se necessário, dos órgãos instituídos em lei. **#naoconfunda**
- XXV – 1ª parte) **prover** os cargos públicos federais na forma da lei. **#naoconfunda**
- Tais atribuições **podem** ser **delegadas** ao **Procurador-Geral da República,** ao **Advogado-Geral da União** e aos **Ministros de Estado.**
- Pela prática de **crime de responsabilidade,** o Presidente da República será julgado no **Senado,** se a Câmara autorizar a instauração do processo. **#prontofalei**
- Exige-se o quórum de **2/3** tanto para a **Câmara** autorizar a instauração do processo, quanto para o **Senado** condenar. É um julgamento político.
- **No caso Dilma, vimos que o Senado também exerceu um juízo de admissibilidade, aceitando a acusação pelo quórum de maioria simples.**

- Quem preside a sessão de julgamento no Senado é o **Presidente do STF.**
- A condenação implica perda do cargo e inabilitação para o exercício de funções públicas pelo prazo de oito anos. Dessa decisão **não cabe recurso. #ficaadica**

  * Vale ressaltar que no caso Dilma, **em afronta à CF,** separaram as penas, ocorrendo perda do cargo, mas não a inabilitação para funções públicas por oito anos.

- Pela prática de **crime comum,** o Presidente da República será julgado no **STF,** também se a Câmara autorizar a instauração do processo por **2/3.**
- A condenação no caso do crime comum é a prevista no tipo penal, e a perda do cargo se dá apenas de modo reflexo.
- Tanto no crime comum, quanto no de responsabilidade, instaurado o processo, fica o Presidente suspenso de suas funções por **180 dias.**
- A **Câmara dos Deputados** é composta de representantes do **povo,** eleitos pelo sistema **proporcional.** O número total de deputados federais é **513. #naoconfunda**
- Nenhum Estado, nem o DF, poderá ter menos do que **8** nem mais de **70** deputados. Os territórios, se criados, elegerão número fixo de **4** deputados. **#naoconfunda**
- O mandato do deputado é de **4 anos.** A renovação se dá também a cada 4 anos, sem limite de reeleição. A idade mínima para o cargo é **21 anos. #naoconfunda**
- O **Senado Federal** é composto de representantes dos **Estados** e do **DF,** eleitos pelo sistema **majoritário.** O número total de senadores é **81. #naoconfunda**

- Cada Estado e o DF elegerão 3 **senadores**. Cada senador será eleito com **dois suplentes**. A idade mínima para o cargo é **35 anos. #naoconfunda**
- O mandato do senador é de **8 anos** (duas legislaturas). A renovação se dá a cada 4 anos, **alternadamente** por **1/3** e **2/3**. Não há limite de reeleição. **#naoconfunda**
- O CNJ foi instituído pela EC 45/04. É órgão do Poder Judiciário. **Não exerce jurisdição.**
- Controla a atuação administrativa e financeira do Judiciário, bem como o cumprimento dos deveres funcionais dos juízes.
- Segundo o STF, o controle exercido pelo CNJ é **constitucional. #ficaadica**
- O CNJ possui **15 membros**. O mandato é de **2 anos**, sendo permitida **uma recondução**. Não existe mais idade mínima e máxima para compor este órgão. **#alteracaorecente**
- O Presidente do CNJ é o Ministro Presidente do STF. Junto ao CNJ oficiam o PGR e o Presidente do Conselho Federal da OAB.
- No CNJ, o **Min. do STJ** exercerá a função de **Ministro-Corregedor** e ficará excluído da distribuição de processos no Tribunal.
- A **súmula vinculante** possui previsão no art. **103-A** da CF. Só quem pode editá-la é o **STF**.
- Súmula vinculante não pode ser objeto de controle de constitucionalidade. Só STF pode editar, rever e cancelar, de ofício ou por provocação. **#naoconfunda**

- A provocação pode ser feita pelos mesmos legitimados à propositura da ADI, ADO, ADC e ADPF (**3/4 M.A.E.**), além de outros (Lei n. 11.417). **#macetao**
- A edição da súmula vinculante pelo STF exige decisão de **2/3** de seus membros, após **reiteradas decisões** sobre a **matéria constitucional.**
- Do ato administrativo ou decisão judicial que contrariar súmula ou que indevidamente a aplicar, caberá **reclamação** ao **STF (que pós CPC/15 tem natureza jurídica de ação de conhecimento originária dos Tribunais). #ficaadica**

ESTATUTO DA CRIANÇA E DO ADOLESCENTE

WAGNER INÁCIO DIAS

- Os sujeitos sobre proteção do ECA são a **criança** e o **adolescente.**
- A **criança** é a pessoa em fase de desenvolvimento precoce, que possua até **12 anos de** idade.
  - A criança, nos primeiros 6 anos de vida, goza de especial proteção, na forma do marco civil da primeira infância. **#ficaadica**
  - Na forma do art. 92, § 7º do ECA, o afeto é uma necessidade básica da criança em sua primeira infância. **#alteracaorecente**
- Já o **adolescente**, pessoa em formação definitiva, está compreendido entre os **maiores de 12 anos e os menores de 18 anos.**
- A gestante tem direito a atendimento gratuito (SUS) tanto pré, quanto peri e pós-natal, com 1 acompanhante de sua preferência.
- Incumbe ao Poder Público garantir às gestantes ou mães de filhos em primeira infância, privadas de liberdade, modo de convívio de acordo com normas sanitárias e assistenciais do SUS.
- Hospitais e maternidades devem manter prontuário da criança nascida por 18 anos e efetivar registro cruzado

da impressão plantar da criança e digital da mãe. **#naoconfunda**

- É obrigatória aplicação em crianças até 18 meses de vida, de protocolo ou outro instrumento construído com a finalidade de facilitar a detecção de risco para o seu desenvolvimento psíquico. **#seliga**

  Deve-se dar especial destaque ao fato de que a criança e também o adolescente têm direito a brincar, a se divertir e ter ocupação esportiva. **#detalhe**

  – Os serviços de unidades de terapia intensiva neonatal deverão dispor de banco de leite humano ou unidade de coleta de leite humano.

- A criança tem direito ao acesso à escola pública e gratuita, próxima de sua residência, garantindo-se vagas no mesmo estabelecimento a irmãos que frequentem a mesma etapa ou ciclo de ensino da educação básica.
- **Família natural** é a união de qualquer dos ascendentes e seus descendentes.
- A condenação criminal do pai ou da mãe não implicará a destituição do poder familiar, exceto na hipótese de condenação por crime doloso sujeito à pena de reclusão contra outrem igualmente titular do mesmo poder familiar ou contra filho, filha ou outro descendente.
- **Família extensa ou ampliada alcança**, além da família natural, todos os parentes próximos que convivem com a criança mantendo com ela vínculos de afetividade. **#macetao**
- Em se tratando de família **estrangeira**, somente é admitida a modalidade adoção, sendo, portanto, vedadas a guarda e a tutela.

#musiquinha – melodia – "Ciranda, cirandinha"

Estrangeiros, no Brasil, eles podem adotar.
Mas não podem ter a guarda,
nem tutela vão lhes dar.

Os prazos estabelecidos no ECA são contados em **dias corridos, excluído o dia do começo e incluído o dia do vencimento. #alteracaorecente!**

É **vedado**, na sistemática do ECA, o prazo em dobro para a Fazenda Pública e o Ministério Público. **#seliga #recente**

- A **guarda** impõe deveres de assistência material, moral e educacional para a criança ou adolescente.
- A **guarda** cria para a criança ou adolescente a condição de dependente do guardião, gerando, assim, direitos previdenciários.
- Aquele que detém a **guarda** deve proteger o sujeito em desenvolvimento de terceiros, inclusive seus pais biológicos.
- Autônoma – **excepcional**, de forma a regular uma situação de necessidade pontual do sujeito, **não estando vinculada** a um processo de tutela ou adoção.
- Acessória – ocorre em processos (de **forma liminar ou incidental**) de **tutela** ou **adoção** (exceto em adoção internacional, pois nesta não há guarda provisória).
- **TUTELA:** medida que pressupõe a perda ou suspensão do poder familiar, abarca também a guarda. Só pode ser concedida em menores 18 anos. Tem caráter definitivo.
- Após a adoção, a morte do adotante não restabelece o vínculo com a família natural. **#macetao**

- A **adoção é precedida de estágio de convivência,** mas pode ser dispensado se houver convivência prévia.
- **A simples guarda fática não autoriza esta dispensa.**
- O estágio de convivência, em se tratando de adoção internacional, deve se dar em território nacional, por, no mínimo, 30 dias. O tempo máximo é de 45 dias. Este prazo pode ser prorrogado UMA vez, mediante decisão fundamentada! #alteracaorecente
- A adoção não retroage, vale para frente!
- Pode ocorrer, contudo, que um ou os dois adotantes tenham falecido durante o processo, quando a sentença retroagirá ao tempo da morte, **adoção póstuma.**

  Será assegurada prioridade no cadastro a pessoas interessadas em adotar criança ou adolescente com deficiência, com doença crônica ou com necessidades específicas de saúde, além de grupo de irmãos. #fiqueligado
- **O adotado poderá após os 18 anos de idade,** conhecer sua origem biológica, em nada afetando a adoção já estabelecida. **#naoconfunda**
  - **A averbação e a certidão** de reconhecimento de paternidade, a qualquer tempo, **são gratuitas. #ficaadica**
- A **adoção internacional** ocorre quando os adotantes **residam** fora do território nacional.

  Na adoção internacional, se os adotantes forem brasileiros terão preferência. #detalhe
- A saída do adotando do território nacional somente é possível após o trânsito em julgado da sentença concessiva da adoção internacional. **#detalhe**

- A locação de DVDS, fitas VHS e congêneres, **deve ser adequada** para as crianças, devendo ser tomadas medidas para que elas não sejam expostas. **#prontofalei**
- Na esfera federal – **CONANDA** – Conselho Nacional dos Direitos da Criança e do Adolescente.
- Nos estados – Conselhos estaduais dos Direitos da Criança e do Adolescente.
- E no município – Conselhos municipais dos Direitos da Criança e do Adolescente.

> Lembre-se que vale a máxima *tempus regit actum*, ou seja, o momento da conduta é que determinará a idade a ser considerada.

- Sempre que o autor do ato infracional for criança (menor de 12 anos), a ele serão aplicadas as medidas do art. 101, medidas de proteção. **#macetao**
- As medidas de proteção são: encaminhamento aos pais ou responsável, mediante termo de responsabilidade; orientação, apoio e acompanhamento temporários; matrícula e frequência obrigatórias em estabelecimento oficial de ensino fundamental; inclusão em serviços e programas oficiais ou comunitários de proteção, apoio e promoção da família, da criança e do adolescente; requisição de tratamento médico, psicológico ou psiquiátrico, em regime hospitalar ou ambulatorial; inclusão em programa oficial ou comunitário de auxílio, orientação e tratamento a alcoólatras e toxicômanos; acolhimento institucional; inclusão em programa de acolhimento familiar; colocação em família substituta.

- **As medidas socioeducativas**, aplicáveis aos adolescentes, são: advertência; obrigação de reparar o dano; prestação de serviços à comunidade; liberdade assistida; inserção em regime de semiliberdade; internação em estabelecimento educacional; e qualquer uma das previstas no art. 101, I a VI.

- A internação só pode ser aplicada se se tratar **de ato cometido com violência ou grave ameaça...**
- ...por reiteração de infrações graves ou por descumprimento **continuado e não justificável** de medida aplicada.
- Neste último caso, somente poderá durar **3 meses** a internação.
- Se a situação envolver maus-tratos, opressão ou abuso sexual, **poderá o Juiz determinar o afastamento do agressor da moradia comum.**
- Quando da determinação da **medida de afastamento, serão fixados alimentos provisórios custeados pelo agressor,** em favor da criança (ou adolescente) agredida.

<table>
<tr><th colspan="2">Autorização para viajar
Regra: viagem para fora da comarca onde o menor de 16 anos reside, desacompanhando dos pais ou responsáveis não é permitida</th></tr>
<tr><td>Exceções dentro do território nacional</td><td>- Comarca contígua à de residência da criança ou menor de 16 anos, na mesma UF ou mesma Região Metropolitana.

- Menor de 16 anos acompanhado: ascendente ou colateral maior (até 3 grau), comprovado o parentesco por documento.

- Menor de 16 anos acompanhado por pessoa maior autorizada por pai, mãe ou responsável, por escritura pública ou documento particular com firma reconhecida (pode ser tanto por autenticidade ou por semelhança) – pode ser feito por meio eletrônico, AEV (Autorização Eletrônica para viagem).

- O menor de 16 anos apresentar passaporte válido em que conste autorização para que viaje desacompanhado ao exterior.</td></tr>
<tr><td colspan="2">Viagens ao exterior
Regra: o menor de 16 anos deve estar acompanhado pelos pais</td></tr>
<tr><td>Exceções</td><td>- acompanhado de um dos pais, com autorização do outro;

- desacompanhado ou na companhia de terceiros maiores e capazes, com autorização de ambos os pais, tendo firma reconhecida (por semelhança ou autenticidade). É válida a AEV.

As autorizações podem constar do passaporte válido</td></tr>
</table>

DIREITO ADMINISTRATIVO

Flávia Cristina Moura de Andrade

- Administração revoga (inconveniência/inoportunidade – *ex nunc*) e anula (ilegalidade – *ex tunc*); judiciário só anula (ilegalidade – *ex tunc*). **#STFsumulou**
- Revogação é só para atos discricionários; anulação é para atos vinculados e discricionários. **#jahcaiu**
- Extinção do contrato de concessão: encampação é por interesse público; caducidade é por inexecução contratual.
- Não pode delegar: edição de atos normativos; decisão de recursos administrativos; matérias de competência exclusiva.
- Abuso de poder/abuso de autoridade pode ocorrer nas modalidades: excesso de poder ou desvio de poder/ desvio de finalidade.
- Órgão não tem personalidade jurídica. Exemplos de órgãos: ministérios, secretarias.
- Descentralização é distribuição externa, envolve + d 1 pessoa, c/ vinculação. Desconcentração é interna, envolve 1 só pessoa, c/ hierarquia. **#naoconfunda**
- Estatais são empresas públicas e soc economia mista. Pessoas jur. de dir privado podem prestar serv. público ou explorar atividade econômica.

- Agência reguladora: autarquia especial atuando com maior independência, com mandato fixo e quarentena para seus dirigentes.
- Entidades paraestatais ou entes de cooperação: serviço social autônomo, organização social (contrato de gestão), OSCIP (termo de parceria).
- Entidades Paraestatais ou entes de cooperação não pertencem à Admin Públ Direta nem Indireta. Criadas por particulares, sem fins lucrativos.
- Elementos do ato administrativo: competência/sujeito; motivo; forma; finalidade e objeto.
- Atributos do ato administrativo: presunção de legitimidade; imperatividade; autoexecutoriedade e tipicidade.
- Caso haja alteração unilateral do contrato administrativo que aumente ou diminua os encargos do contratado, a Administração deverá restabelecer, no mesmo termo aditivo, o equilíbrio econômico-financeiro inicial.
- Os elementos do ato administrativo competência, forma e finalidade são sempre vinculados. **#detalhe**
- Exceções ao dever de licitar: inexigibilidade (rol exemplificativo – art. 74, Lei 14133/2021) e dispensa (rol taxativo – artigos 75 e 76, Lei 14133/2021).
- Modalidades de licitação: pregão; concorrência; concurso; leilão; diálogo competitivo.
- Art. 104, Lei 14.133/2021 – cláusulas exorbitantes dos contratos administrativos: F-fiscalizar; A-alteração unilateral; R-rescisão unilateral; A-aplicar sanções; O-ocupar bens – FARAO. **#macetao**

- Não viola continuidade a suspensão do serviço: emergência; após prévio aviso por ordem técnica ou d segurança, ou inadimplemento do usuário.
- Bem público é imprescritível (não cabe usucapião), impenhorável (precatórios) e inalienável (relativamente).
- Tombamento recai sobre bens moveis e imóveis e não retira a propriedade. Em regra, não dá direito a indenização. **#jahcaiu**
- Súmula Vinculante 5: "A falta de defesa técnica por advogado no processo administrativo disciplinar não ofende a Constituição". **#STFsumulou**
- Consórcios públicos podem assumir personalidade jurídica de direito público (faz parte da Adm Indireta) ou privado. **#ficaadica**
- OAB não é uma entidade da Administração Indireta. É um serviço público independente, pessoa "sui generis", personalidade ímpar.
- Diferenças entre empresas públicas e soc. de economia mista envolvem: capital, forma de constituição e foro.

TABELA SALVADORA!!!!		
	Empresa Pública	**Sociedade de Economia Mista**
Capital social	Público	Misto (público e privado)
Forma de constituição	Qualquer modalidade	Apenas como sociedade anônima

Foro – art. 109, I, CF/88	As federais na justiça federal e as estaduais e municipais na justiça comum	Tanto as federais como as estaduais e municipais na justiça comum

- **Agência executiva:** qualificação de autarquia ou fundação pública c/ contrato d gestão e plano estratégico de reestruturação e desenvolvimento.
- **Teoria dos Motivos Determinantes**: motivo dado para a prática do ato condiciona sua validade. Motivo falso o ato é inválido.
- **Fato do príncipe**: é o fato geral do Poder Público que afeta substancialmente o contrato, apesar de não se direcionar especificamente a ele.
- **Fato da administração:** ação ou omissão da Administração que se dirige direta e especificamente s/ o contrato, atrapalhando a execução.
- **Sujeições ou interferências imprevistas**: é a descoberta de um óbice natural ao cumprimento do contrato.
- **Vedada PPP**: a) valor < R$ 10 mi; b) prazo < 5 anos; c) objeto único fornecer mão de obra, fornecer e instalar equipamentos ou executar obra. **#jacaiu**
- **Teoria do órgão** estabelece que todo ato expedido por agente público deve ser imputado diretamente à Administração Pública.
- **Agentes políticos**: titulares de cargos estruturais à organização política do País, possuindo vínculo político. Exemplo: deputado, juiz.

- **Risco administrativo**: admitidas excludentes de responsabilidade (culpa exclusiva da vítima, caso fortuito/força maior, culpa de terceiros).
- **Risco integral**: não são admitidas excludentes de responsabilidade. Estado é considerado um garantidor universal.

- **Regra geral:** independência das instâncias cível, administrativa e criminal. Exceção: absolvição no criminal por negativa de autoria ou fato. **#prontofalei**
- **Tipos de improbidade administrativa:** enriquecimento ilícito do agente, prejuízo ao erário, violação dos princípios da administração pública e atos decorrentes de concessão ou aplicação Indevida de benefício financeiro ou tributário

- **Revogação**: extinção do ato adm. legal em razão de inconv./inoport.; feita apenas pela Adm Pública; c/ efeitos "ex nunc".
- **Anulação**: extinção do ato adm. em razão de ilegalidade; feita pela Adm. Pública ou pelo Judiciário; c/ efeitos "ex tunc".

- Poder de Polícia é mecanismo de frenagem de direitos individuais em benefício da coletividade.
- Contrato concessão: licitação-concorrência ou diálogo competitivo; não precário; só c/ pessoa jurídica ou consórcio; prazo determinado.
- A reintegração ocorre quando o servidor estável ilegalmente demitido volta a titularizar cargo público. **#jahcaiu**

- O processo de licitação observará as seguintes fases, em sequência: I - preparatória; II - de divulgação do edital de licitação; III - de apresentação de propostas e lances, quando for o caso; IV - de julgamento; V - de habilitação; VI - recursal; VII - de homologação.
- Princ. Supremacia do Interesse Público: o interesse citado é o primário (coletividade), e não o secundário (Administração ou administrador).
- Em concurso público, desde q a discriminação guarde relação de pertinência lógica com o desempenho do cargo, não haverá ilegalidade.
- O prazo de validade do concurso público será de até dois anos, prorrogável uma vez, por igual período. **#detalhe**
- Servidor público estável perde cargo: sentença judicial transitada; proc administrativo c/ ampla defesa; proced. de avaliação de desempenho.
- Direito da Administração de anular atos administrativos de que decorram efeitos favoráveis aos destinatários decai em 5 anos, salvo má-fé.
- A delegação é possível quando há ou não subordinação hierárquica.
- A avocação só é possível quando há subordinação hierárquica.
- Características do poder de polícia: discricionariedade; coercibilidade; autoexecutoriedade (exigibilidade e executoriedade).

- Autarquias: imunes a impostos s/ patrimônio, renda e serviços desde que em atividades vinculadas às finalidades essenciais ou delas decorrentes.

- Empresas públicas e sociedades de economia mista são pessoas jurídicas de direito privado.

- Nas contratações regidas pela Lei 14.133/2021, poderão ser utilizados meios alternativos de prevenção e resolução de controvérsias, notadamente a conciliação, a mediação, o comitê de resolução de disputas e a arbitragem.

- São procedimentos auxiliares das licitações e das contratações regidas pela Lei 14.133/2021: I - credenciamento; II - pré-qualificação; III - procedimento de manifestação de interesse; IV - sistema de registro de preços; V - registro cadastral.

- Na hipótese de contratação direta indevida ocorrida com dolo, fraude ou erro grosseiro, o contratado e o agente público responsável responderão solidariamente pelo dano causado ao erário, sem prejuízo de outras sanções legais cabíveis.

- A habilitação é a fase da licitação em que se verifica o conjunto de informações e documentos necessários e suficientes para demonstrar a capacidade do licitante de realizar o objeto da licitação, dividindo-se em: I - jurídica; II - técnica; III - fiscal, social e trabalhista; IV - econômico-financeira.

- No caso de licitação de obras e serviços de engenharia, serão consideradas inexequíveis as propostas cujos valores forem inferiores a 75% (setenta e cinco por cento) do valor orçado pela Administração.

- Na Licitação o julgamento das propostas será realizado de acordo com os seguintes critérios: I - menor preço; II - maior desconto; III - melhor técnica ou conteúdo artístico; IV - técnica e preço; V - maior lance, no caso de leilão; VI - maior retorno econômico.
- União só participará de consórcios públicos em que também façam parte os Estados onde estejam situados os Municípios consorciados. #jahcaiu
- Respons. civil das pessoas jur d dir privado prestadoras d serviço público é objetiva com relação aos usuários e também aos não usuários do serviço.
- Agentes honoríficos: são os cidadãos convocados para prestar, transitoriamente, serviço ao Estado, sem remuneração. Ex.: mesário.
- Na ação de improbidade administrativa o Ministério Público, se não for parte, será obrigatoriamente fiscal da lei, sob pena de nulidade.
- Readaptação: designação p/ q servidor, estável ou não, titularize cargo mais compatível com a limitação física ou mental que lhe sobrevier.
- Serviço público não tem como requisito a gratuidade. Mas o valor cobrado deve ser módico, razoável.
- Serviço público "uti universi" possui usuários indeterminados. Ex.: iluminação pública.
- Serviço público "uti singuli" tem usuários determinados e os serviços divisíveis. Ex.: telefonia.

- Reversão: designação para que o aposentado volte a titularizar cargo público, podendo ser de ofício ou a pedido.
- Autorização: ato administrativo unilateral, precário, não precisa licitação e atendendo principalmente a interesse do particular. **#prontofalei**
- Bens dominicais ou dominiais: são aqueles que pertencem ao patrimônio público, mas não têm destinação específica. São bens desafetados.
- Aproveitamento: preenchimento de cargo por servidor estável que fora posto em disponibilidade.
- Recondução: volta do servidor estável ao cargo q antes titularizava (inabilitado no estágio probatório ou desalojado por reintegração de outro).
- Modalidades de desapropriação: utilidade e necessidade pública; interesse social.
- Direito de extensão: dir do expropriado d exigir q na desapropriação se inclua o restante do bem q se tornou inútil ou d difícil utilização. **#prontofalei**
- Ato administrativo viciado pode ser convalidado desde q se trate de defeito sanável e q não acarrete lesão ao interesse público e nem a Terc.
- Caducidade é a extinção do ato administrativo em razão de edição de lei incompatível com o ato.
- Cassação é a extinção do ato administrativo em razão do particular não ter cumprido com seus deveres.

- Em delegação de competência, responde pelo ato a autoridade que o praticou (delegado) e não o delegante.
- É possível a subcontratação de contratos administrativos desde que previsto no edital e no contrato, e até o limite admitido. **#detalhe**
- Sociedade de propósito específico é constituída antes da celebração da PPP com o objetivo de implantar e gerir o objeto da parceria.
- É possível a posse de servidor por terceira pessoa mediante procuração específica.
- O processo administrativo pode iniciar-se de ofício ou a pedido de interessado.

TABELA SALVADORA!!!					
	Situação justificadora	**Objeto**	**Recai sobre algo**	**Indenização**	**Natureza transitória ou definitiva**
Requisição Administrativa	Perigo público iminente.	Bens móveis, imóveis e serviços.	Determinado.	Posterior e condicionada à ocorrência de prejuízo.	Temporária.
Servidão Administrativa	Existência de interesse público – execução de obras e serviços coletivos.	Bens imóveis.	Determinado.	Prévia e condicionada à ocorrência de prejuízo.	Definitiva.

TABELA SALVADORA!!!

	Situação justificadora	Objeto	Recai sobre algo	Indenização	Natureza transitória ou definitiva
Ocupação Temporária	Necessidade de realização de obras e serviços públicos.	Bens imóveis.	Determinado.	Ulterior e apenas em caso de dano. No caso do art. 36 Decr-lei 3365/41 sempre cabe indenização.	Temporária.
Limitação Administrativa	Interesse público abstrato.	Bens móveis, imóveis e atividades dos particulares.	Indeterminado.	Não.	Definitiva.

DIREITO CIVIL

Wagner Inácio Dias

LINDB e Parte Geral

- Mudança no texto da norma **antes de sua entrada em vigor** promove o reinício de sua contagem. **Se já estiver em vigor**, é lei nova.
- **Princípio da vigência sincrônica** – a lei entra em vigor, ao mesmo tempo, em todo o país. O prazo-regra é de 45 dias dentro do Brasil e 3 meses (sim, meses), quando admitida, fora do país. **#importante**
- Os dias de início e término estão incluídos no prazo de *vacatio* de uma lei **#jahcaiu**
- A repristinação tácita é **proibida**, pois a revogação de uma lei que **revogou outra**, não faz desta última vigente novamente. **#naoconfunda**
- Da norma que foi retirada por **completo** do sistema legal se diz **ab-rogada;** da que teve apenas **parcialmente** seu conteúdo **revogado** se diz **derrogada. #detalhe**
- Fundamentos do Código Civil – **eticidade, operabilidade** e **sociabilidade.**
- Sujeito de direito é aquele que pode ser titular de direitos e obrigações na órbita civil. Pode ser ou não pessoa. **#macetao**
- As incapacidades têm duas fontes: a sentença (interdição) ou a lei (demais casos).

- A incapacidade absoluta está restrita aos menores de 16 anos. Todos os demais casos previstos em lei envolvem incapacidade relativa.

#musiquinha – melodia – "Sambalelê tá doente"

O Joãozinho tá doente,
Tá em coma, o rapaz.
Pode ser interditado,
Relativamente incapaz.

- Os pais podem emancipar por declaração em cartório. O tutor faz pedido ao Juiz. **#detalhe**

A doação de órgãos somente é possível, em vida, se não houver prejuízo funcional ou estético. Além disso, só pode ser efetivada em favor de cônjuge (companheiro) ou parente até o 4° grau (inclusive), salvo autorização judicial.

Esta restrição não se aplica à doação de medula óssea.

- Direitos da personalidade são: **absolutos, irrenunciáveis, intransmissíveis** e **imprescritíveis.**

Elementos essenciais do nome:

Prenome – (ou nome individual ou nome próprio) – identifica o indivíduo na família;

Nome – (ou patronímico, cognome, sobrenome ou apelido de família) – identifica o indivíduo na sociedade.

- A tutela dos direitos da personalidade pode ser **preventiva** ou **repressiva.**
- A emancipação só se aplica aos **incapazes por idade. #macetao**
- Não existe pessoa **sem domicílio.** Se este não for certo, será domicílio o local onde for encontrada.
- Para existir domicílio é **necessário residência + *animus manendi*** (ânimo de permanecer).
- Quem tem **domicílio legal**: incapaz, preso, servidor público e militar.
- Ausência – **Curadoria** (1 – 3 anos); **Sucessão** provisória (10 anos – pode reduzir se houver 5 sem notícia e mais de 80 anos) e **Sucessão definitiva** (10 anos).
- Simples desaparecimento não é ausência. Não pode haver notícias do que sumiu.
- Qualificação dos direitos dos herdeiros na ausência: Curadoria (**meros guardiões**), suc. provisória (**posse provisória**) e suc. definitiva (**propriedade resolúvel**).
- **EIRELI** é pessoa jurídica de direito privado, mas **não** é ente coletivo. **#naoconfunda**
  - A pessoa jurídica não se confunde com os seus sócios, associados, instituidores ou administradores.
- **Não é ente coletivo também** a sociedade unipessoal de advocacia. Lembre-se, a sociedade limitada pode ser constituída por 1 (uma) ou mais pessoas.
  - Na desconsideração da PJ lembre-se que *confusão patrimonial* é caracterizada por: cumprimento repe-

titivo pela sociedade de obrigações do sócio ou do administrador ou vice-versa; transferência de ativos ou de passivos sem efetivas contraprestações, exceto os de valor proporcionalmente insignificante; outros atos de descumprimento da autonomia patrimonial.

- O CC reconheceu, no art. 50, §3°, a desconsideração inversa.

- Para saber se o direito e ação são móveis ou imóveis, olhe o bem. O que este for, aqueles serão. **#macetao**
- Imóvel (como árvores, plantações) objeto de um contrato, podem ser considerados bens móveis por **antecipação.**
- **Comodato** (empréstimo de bem infungível) X **Mútuo** (empréstimo de bem fungível; os objetos dos contratos de locação e de usufruto são bens infungíveis). **#detalhe**
- O acessório segue o principal. A **pertença, não**. Para seguir o principal deve ser mencionada no contrato.
- Para que exista um negócio jurídico é necessário o **VOA** (vontade, objeto e agente).
- Os elementos de existência serão qualificados para verificar se o negócio é válido.
- Os fatores de eficácia **são negativos**; se existirem, impedem ou terminam a produção de efeitos.
- Os vícios do negócio jurídico geram, sempre, a **anulabilidade**. A simulação é causa de **nulidade**.
- Risco de dano **pessoal** (ESTADO DE PERIGO). Risco de dano **patrimonial** (LESÃO).

Direito das Obrigações e Contratos

- As obrigações possuem como **objeto imediato**, sempre, uma **prestação** humana: dar, fazer ou não fazer.
- Como objeto **mediato**, objeto da **prestação**, pode ser qualificado qualquer **bem** economicamente apreciável.
    - A lei 14.112/20 proibiu a retenção, arresto, penhora, sequestro, busca e apreensão e constrição judicial ou extrajudicial sobre os bens do devedor, quando este estiver em recuperação judicial ou falência.
- **Solidariedade** existe em relação ao **vínculo. Indivisibilidade**, em relação ao **objeto.**
- Convertendo-se em perdas e danos, **a solidariedade continua.** A indivisibilidade, **não.**
- O gênero não perece, a não ser que seja um **gênero limitado. #prontofalei**
- Solidariedade: perdas e danos **só o culpado responde. Pela mora,** respondem **todos**!
- Na **cessão parcial** o credor primitivo tem preferência sobre o cessionário.
- **Adimplemento:** Quem deve e/ou quem pode pagar? • A quem se deve pagar? • O que deve ser pago? • Onde se deve pagar? • Quando se deve pagar?
- **Quem deve:** devedor ou responsável. Quem pode: qualquer um. Quem deve pode ser chamado judicialmente a pagar; quem pode, **só em situações excepcionais.**
- A quem se deve pagar – ao credor. Mas este pode ser meramente **putativo** e o pagamento valerá.

- Se o débito **foi penhorado** (por que foi o devedor notificado para não pagar), deverá efetivar os pagamentos nos autos dos processos.
- O que deve ser pago: O objeto **prestacional**, o que é devido e na quantidade devida. Nem mais, nem menos.
- Sub-rogar é ocupar o **espaço jurídico** de outra coisa ou pessoa. O pagamento em sub-rogação trata especificamente da sub-rogação subjetiva.
- **Imputação legal**: **(a)** Juros/Capital; **(b)** Primeiro nas líquidas e vencidas; **(c)** Se todas forem líquidas e vencidas, imputa-se nas mais onerosas.
- Mais onerosa não é a mais valiosa, é a que cria mais ônus, por exemplo, a que tem maiores juros.
- **Dação em pagamento** – trocar coisa por dinheiro, fazer ou por outra coisa.
- Na dação, se houver evicção, a obrigação anterior é restaurada.
- Na **novação** é essencial que exista ânimo de novar (e inclusão do elemento novo), caso contrário, haverá nova obrigação, sem extinção da primeira.
- Não são passíveis de compensação as obr. provenientes de ato delituoso, originada de comodato, depósito, alimentos ou que envolvam objetos impenhoráveis.
- Existe a *mora accipiens* (mora do credor) e a *mora solvens* (do devedor).
- **Cláusula penal** pode ser – **moratória** (é apenas uma forma de multa) e **compensatória** (trata-se de uma antecipação de perdas e danos em caso de inadimplemento).

- **Arras: confirmatórias** (firmam comprometimento da parte – pode haver indenização suplementar) e **penitenciais** (prévia das perdas e danos, sem suplementação).
- **Princípios contratuais – boa-fé** – as partes devem se respeitar mutuamente, prestando as informações necessárias umas às outras.
- **Princípios contratuais – função social** – o contrato passa a influenciar e ser influenciado pela sociedade. Cria a figura do terceiro ofensor/vítima.
- Enquanto **agressor**, o **terceiro** pode ser responsabilizado sempre que a sua conduta vier a prejudicar a estrutura contratual já posta (como no art. 608 CC).
- O **terceiro-vítima** está protegido por todo o sistema de indenização e reparação do Código Civil, mas merece um destaque especial o CDC, em seu art. 17.
- **Implicações da boa-fé:**

  1) ***Supressio***: extingue o direito do credor moroso, sempre que a cobrança puder gerar onerosidade excessiva e agredir a boa-fé;

  2) ***Surrectio***: serve em sistema de prazos certos como o nosso. Ocorre quando o credor cria justificável expectativa para o devedor de que não será mais cobrado;

  3) ***Tu quoque***: a parte da relação contratual que sempre inadimpliu determinada regra não pode invocá-la qdo do descumprimento da mesma regra pela outra parte;

  4) **Dever de mitigar os prejuízos e perdas** – o credor deve agir de forma a minorar os danos ao devedor, evitando manobras ou ardis que o atinjam de forma desnecessária.

- **Teoria da Imprevisão** – Estampada no art. 478, possibilita a revisão contratual e consequente equalização das prestações. Requisitos:

  1) Relação de trato sucessivo ou de execução diferida;

  2) gerando onerosidade para um;

  3) não pode estar cumprido;

  4) causa imprevisível;

  5) ausência de culpa da parte.

- Brasil adotou a teoria da **aceitação** (na forma **expedição**) para a formação dos contratos.
- **Vícios redibitórios:** Contr. comutativo; Vício oculto; Desconhecimento do vício qdo da alienação; Vício existe antes da alienação; Reduz ou extingue a eficiência.
- **Evicção**: Contrato oneroso. Perda por sentença. Causa anterior à aquisição.
- **Resilição** – extinção pela vontade – bilateral (distrato) ou unilateral (denúncia).
- O **incapaz** responde **subsidiariamente** pelos danos que causar. **#jahcaiu**
- O juiz pode **reduzir equitativamente** a indenização se houver **culpa** leve e o **dano** for **desproporcional.**
- **Perda de uma chance** – indeniza-se o percentual de chance perdido.
- O STJ consolidou posicionamento pela utilização do método bifásico para fixação da indenização por danos morais

Método bifásico	
Fase 1	*Fase 2*
Fixação básica de indenização, partindo-se do bem jurídico lesado	Modificação da indenização-base a partir das circunstâncias do caso (conduta do agressor, motivo ou vileza do ato, reiteração de conduta etc.)

Direito das Coisas

- Súm. 219 STJ. Serviços prestados à massa falida, inclusive a remuneração do síndico, tem privilégios como os trabalhistas. **#STJsumulou**
- **Obrigações *Propter rem, ob rem*, obr. ambulatórias ou reipersecutórias** são relações que apenas se manifestam se houver vinculação de um sujeito a um bem.
- Obrigações **com eficácia real** – obrigações com efeitos de direito real, ex. direito de preferência dado ao locatário na forma do art. 33 da Lei 8245/91.
- O não cumprimento dos encargos fiscais, somado à cessação da posse, é **presunção absoluta de abandono** (art. 1.276, § 2°, CC).
- O **condômino só pode alienar ou alugar a garagem para terceiro** se a convenção de condomínio autorizar.
- Propriedade que não tem limitações quanto às suas faculdades é propriedade **alodial.**

TABELA SALVADORA!!!	
Propriedade resolúvel	**Propriedade revogável ou *ad tempus* ou temporária:**
Propriedade que já nasce para morrer. O prazo ou condição está no título originário.	A causa de extinção da propriedade não consta do título;
Qualquer direito constituído desaparece com ela.	Direitos sobrevivem ao fim da propriedade, só para o terceiro de boa-fé.

Ao lado da propriedade, agora figura como direito real, **a laje! Há doutrina** favorável à natureza jurídica dela como direito real sobre coisa própria e há posição divergente (seria direito real sobre coisa alheia). **#recente**

Tem laje para cima (laje em **sobrelevação**) e laje para baixo (laje em **infrapartição**)!

Para ceder nova laje, o titular deve ter autorização de todos os demais lajeários e do proprietário da construção-base.

Na cessão onerosa da laje, o lajeário deve dar preferência aos demais lajeários e ao proprietário da construção-base.

Pode haver, em terrenos, partes designadas de lotes que são propriedade exclusiva e partes que são propriedade comum dos condôminos – condomínio de lotes **#alteracaorecente**

As formas condominiais ganharam uma companheira: a **multipropriedade.** Aqui não há condomínio de espaço, mas de tempo.

Pode ser reservado um período de tempo para a própria multipropriedade, para cuidado com o bem.

Por regra, não há na multipropriedade necessidade de anuência ou preferência quando da alienação da fração de tempo.

A fração mínima de tempo não pode ser inferior a 7 (sete) dias, seguidos ou intercalados.

- **Usucapião familiar** recai sobre bens imóveis, é o menor prazo de prescrição aquisitiva (2 anos), art. 1.240-A CC.
  - **Segundo o STJ** imóveis financiados pelo SFH não são passíveis, enquanto não quitada a dívida, de usucapião.

#musiquinha – melodia – "O sapo não lava o pé"

O herdeiro não tem boa-fé,
Pra usucapir de ordinário.
Mas se ele tem má-fé,
Ganha no extraordinário.

- **Acessão inversa**: o plantado ou o construído valem muito mais do que o terreno, quem plantou ou construiu (desde que de boa-fé) indeniza e leva tudo.
- **Não é possuidor** o violento, o clandestino, o tolerado e o fâmulo (servo) da posse.
- A **imissão na posse** é ação de tutela **petitória** (baseada na propriedade).
- **Manutenção de posse**: Combate qualquer embaraço ao bem usar a posse, desde que o seu titular ainda não a tenha perdido. Pode até mesmo ser usado contra o proprietário da coisa.

- **Reintegração de posse**: Possibilita obter de volta a posse perdida, tendo natureza repressiva (dá-se depois de ocorrido o dano).
- **Interdito proibitório**: É defesa preventiva da posse, antes da efetivação da ameaça (desde que iminente e possível). Para cessar a ameaça: astreinte nele!
- **Dano infecto**: É preventiva, e possível contra o proprietário ou possuidor de prédio vizinho cuja ruína ou vício em sua construção possa causar prejuízos.
- **Nunciação de obra nova**: É útil quando obra recente possa, por sua estrutura ou construção, ameaçar a posse, causando moléstia ao possuidor.
- **Somente** o vizinho que deu causa à necessidade de **tapagem** é responsável pelo valor. **#jahcaiu**
- **Direito de superfície**: oneroso ou gratuito. Transferível. Acabou o prazo, o proprietário do solo fica com tudo.
- Usucapião extraordinário de servidão – **20 anos.**
- **Usufruto** é **personalíssimo, intransferível.** Não é possível o usufruto sucessivo, mas é possível o simultâneo.
- **Pacto comissório** é vedado nos direitos reais de garantia – o credor deve alienar a coisa e se satisfazer com o valor daí obtido.

Direito de Família e Sucessões

- A **habilitação** para o **casamento**, o **registro** e a **primeira certidão** são **gratuitos** para os que se declararem pobres, sob as penas da lei.

- O **casamento civil** só está consumado quando da declaração por parte do Estado. **Fórmula sacramental** do art. 1535.
- No Direito de família não existem modalidades, pois é composto de atos jurídicos (reconhecimento de filhos, por exemplo) que não aceitam modulação de efeitos.
- Existem duas formas de casamento religioso com efeitos civis: o de habilitação prévia e o de habilitação posterior. **#jahcaiu**
- O foro do domicílio ou da residência do alimentando é o competente para a ação de investigação de paternidade, quando cum. c/ a de alimentos. **STJsumulou**
- Idade núbil – 16 anos. É proibido o casamento para quem não alcançou esta idade. **#novidade**
- O STF, no ARE 1045273, não reconheceu as uniões paralelas como uniões válidas para ensejar divisão patrimonial, direito a alimentos ou apoio previdenciário.
- O casamento de menores de 16 anos é proibido em nosso país, por força do art. 1.520, CC.
- Infringiu impedimento = casamento nulo. Desrespeitou causa de suspensão = imposição do regime de separação obrigatória de bens.
- União estável, salvo contrato ESCRITO (não precisa ser público), terá como regime a comunhão parcial de bens. **#detalhe**
- Na comunhão de bens, não comungam, os obtidos por meio de liberalidade (herdei, recebi por doação, etc.). E os que se sub-rogarem a estes.

Pessoas do mesmo sexo podem constituir união estável, conforme STF na ADIN 4277

- Pessoas do mesmo sexo podem habilitar-se para casar – STJ (4x1) **REsp 1183378.**
- Avós podem obter judicialmente direito de visita aos netos, art. 1589.
- Se um cônjuge/abandona o lar, o outro, permanecendo na posse de imóvel até 250 m^2, poderá usucapir em 2 anos.
- Procuração para casar, isso pode, mas tem de ser por instrumento público. E, ainda, igual ao ***superman,*** pois tem de ter PODERES ESPECIAIS.
- Estes poderes especiais são poderes específicos para ser procurador de alguém em um casamento (o ato tem de ser especificado).
- A procuração para casar caduca em 90 dias! **#ficaadica**
- Taí um prazo interessante, muita coisa que cerca família e sucessões dura noventa dias. **#macetao**
- Quanto tempo dura a certidão de habilitação para casamento? 90 dias.
- Podendo testar via ordinária, já desembarcado, em quanto tempo caduca o test. Marítimo ou Aeronáutico? 90 dias.
- Para não confundir: parentesco, alimentos e sucessão, são infinitos na linha reta (tanto ascendente quando descendente). Mas limitados na colateral. **#naoconfunda**

- Seguem a regra do 4-4-2. Os colaterais são parentes até o 4 grau, sucedem até o 4 grau e devem alimentos até o 2 grau (irmãos). **#macetao**
- Para anotar, o 4-4-2 está nos artigos: 1.592-1.839-1.697 CC.
- Sogra é igual ao hino do Flamengo, uma vez sogra, sempre sogra (1.595, § 2°).
- Já cunhada e cunhado deixam de sê-lo após a extinção do vínculo conjugal. **#detalhe**
- Sociedade conjugal x vínculo conjugal – o vínculo cria o estado de casado.
- Já a sociedade, reúne alguns deveres matrimoniais, como o de fidelidade, e o regime de bens.
- O vínculo conjugal só termina se houver divórcio, anulação ou viuvez.
- A sociedade conjugal termina sempre que terminar o vínculo ou se houver separação.
- Quatro regimes sugeridos pela lei (mas a criação é livre): Comunhão Parcial, Comunhão Universal, Separação total e participação final nos aquestos (PFA).
- Na PFA os nubentes podem, via pacto antenupcial, estabelecer a livre alienação dos bens imóveis.
- A comunhão parcial também é chamada de comunhão de aquestos (por que nela se comungam os bens onerosamente adquiridos).
- Adquiridos = aquestos **#prontofalei**
- Se não houver pacto antenupcial, o regime será o da comunhão parcial de bens.

- Mas o que é pacto antenupcial? É um acordo feito por ESCRITURA PÚBLICA de eficácia suspensa até a celebração do casamento.
- Para valer perante terceiros, o Pacto deve ser registrado no CRI (registro de imóveis) do domicílio dos nubentes.
- Ganhei na Mega-Sena, o prêmio comunica? Na comunhão universal, sim. Na comunhão parcial também! **#aplicacaopratica**
- Os bens recebidos por fatos eventuais, haja ou esforço por parte do ganhador, se comunicam na Comunhão parcial.
- Já na PFA, temos um regime misto. Livre disposição dos móveis ao longo do matrimônio, e divisão dos aquestos no final.
- Daí o nome do regime – os nubentes participam dos aquestos, mas lá no final.
- Não há, assim, presunção de condomínio na PFA. **#detalhe**
- Os imóveis só podem ser alienados sem outorga, se isto for determinado no pacto antenupcial.
- O STJ entendeu no Resp 912926-RS que não é possível a existência de duas uniões estáveis paralelas.

Em recente alteração legal, incluiu-se como **causa da perda do poder familiar** a entrega de forma irregular do filho para a terceiros para fins de adoção.

- Abertura da sucessão = momento da morte.
- A partir da abertura da sucessão vale o princípio da saisine, exceto para o Estado, em caso de herança jacente.

- A **saisine** determina a transmissão imediata da propriedade e posse dos bens para os herdeiros e somente da propriedade para os legatários.
- **Prelegatário** é o herdeiro que também é legatário. A aceitação do legado não implica aceitação necessária da herança. (1.808, § 1°)
- **Competência para o inventário**: domicílio do autor da herança; se for incerto, será o local dos bens; se houver bens em vários lugares, local do óbito.
- **DOMICÍLIO DO DE CUJUS; LOCAL DOS BENS; LOCAL DO ÓBITO**. Esta é a ordem.
- O **valor da herança é o limite para a transmissão das obrigações** não personalíssimas, mas quem tem de provar que há mais dívidas do que bens é o herdeiro.
- Até a **PARTILHA**, a herança permanece para os coerdeiros em condomínio indivisível.
- A **renúncia deve ser expressa,** por instrumento **público** ou **termo** nos autos.
- A **aceitação, não**, ela pode ser expressa ou tácita (comportamento concludente).
- Natureza jurídica do direito à sucessão aberta (herança)? **Bem imóvel**, art. 8°, II.
- **Não** se pode criar uma forma especial de testamento. Só são válidas as formas previstas na lei.
- O **codicilo pode revogar um testamento** apenas na parte em que nomeie um testamenteiro.

DIREITO PROCESSUAL CIVIL

Sabrina Dourado

Teoria Geral do Processo

- O processo civil será ordenado, disciplinado e interpretado conforme os valores e as normas fundamentais estabelecidos **na CF/88. #ficaadica**
- As partes têm o direito de obter em **prazo razoável** a solução integral do mérito, incluída a atividade satisfativa.
- A ação é um termo plurívoco. Pode ser compreendida, desde logo, como Direito fundamental. Tal direito está assegurado na CF/88. **#prontofalei**
- Os juízes e os tribunais atenderão, **preferencialmente,** à ordem cronológica de conclusão para proferir sentença ou acórdão. **#detalhe**
- Na ausência de normas que regulem **processos eleitorais, trabalhistas ou adm.,** as disposições do CPC/15 lhes serão aplicadas supletiva e subsidiariamente. **#vaicair**
- **Para postular em juízo** é necessário ter interesse e legitimidade.
- É admissível a ação meramente declaratória, **ainda que tenha ocorrido a violação do direito. #jahcaiu**
- A ação fundada em direito pessoal ou em direito real sobre bens móveis será proposta, em regra, **no foro de domicílio do réu.**

Competência Territorial

- Tendo mais de um domicílio, o réu será demandado no foro de qualquer deles.
- Sendo incerto ou desconhecido o domicílio do réu, ele poderá ser demandado onde for encontrado ou no foro de domicílio do autor.
- Quando o réu não tiver domicílio ou residência no Brasil, a ação será proposta no foro de domicílio do autor, e, se este também residir fora do Brasil, a ação será proposta em qualquer foro.
- Havendo 2 (dois) ou mais réus com diferentes domicílios, serão demandados no foro de qualquer deles, à escolha do autor.
- **Para as ações fundadas em direito real sobre imóveis** é competente o foro de situação da coisa. **#jahcaiu**
    - É competente o foro: para a ação de divórcio, separação, anulação de casamento e reconhecimento ou dissolução de união estável: de domicílio da vítima de violência doméstica e familiar, nos termos da Lei nº 11.340, de 7 de agosto de 2006 (Lei Maria da Penha);
- Serão reunidos para julgamento conjunto os processos que possam gerar risco de prolação de decisões conflitantes caso decididos separadamente, **mesmo sem conexão entre eles. #detalhe**
- Os processos de ações conexas serão reunidos para decisão conjunta, **salvo se um deles já houver sido sentenciado.** (Súm. 235, STJ). **#STJsumulou**
- **A incompetência, absoluta ou relativa,** será alegada como questão preliminar de contestação. **#jahcaiu**

- Toda pessoa que se encontre no exercício de seus direitos tem capacidade para estar em juízo.
- O condomínio será representado em juízo pelo administrador ou síndico.
- Verificada a incapacidade processual ou a irregularidade da representação da parte, o juiz suspenderá o processo e designará prazo razoável para que seja sanado o vício. **#ficaadica**
- É vedado às partes, a seus procuradores, aos juízes, aos membros do MP e da DP empregar expressões ofensivas nos escritos apresentados.
    - De ofício ou a requerimento, o juiz condenará o litigante de má-fé a pagar multa, que deverá ser superior a um por cento e inferior a dez por cento do valor corrigido da causa, a indenizar a parte contrária pelos prejuízos que esta sofreu e a arcar com os honorários advocatícios e com todas as despesas que efetuou.
- **São devidos honorários advocatícios** na reconvenção, no cumprimento de sentença, provisório ou definitivo, na execução, resistida ou não, e nos recursos interpostos, cumulativamente.
- Os honorários serão devidos quando o advogado atuar em causa própria. **#jahcaiu**
    - Os honorários constituem direito do advogado e têm natureza alimentar, com os mesmos privilégios dos créditos oriundos da legislação do trabalho, sendo vedada a compensação em caso de sucumbência parcial.

- **A concessão de gratuidade** não afasta o dever de o beneficiário pagar, ao final, as multas processuais que lhe sejam impostas.
- **O advogado não será admitido sem procuração,** salvo para evitar preclusão, decadência ou prescrição, ou para praticar ato considerado urgente.
  - A procuração deverá conter o nome do advogado, seu número de inscrição na Ordem dos Advogados do Brasil e endereço completo. Se o outorgado integrar sociedade de advogados, a procuração também deverá conter o nome dessa, seu número de registro na Ordem dos Advogados do Brasil e endereço completo.
- A alienação da coisa ou do direito litigioso por ato entre vivos, a título particular, não altera a legitimidade das partes. **#questãocerta**
- **Cada litisconsorte** tem o direito de promover o andamento do processo, e todos devem ser intimados dos respectivos atos.
- Se **distintos procuradores, de escritórios diferentes,** há **prazo** em **dobro** para manifestação, salvo quando **um só haja sucumbido** (Súm. 641, STF). **#STFsumulou**
- **A assistência** será admitida em qualquer procedimento e em todos os graus de jurisdição.
- **O direito regressivo** será exercido por ação autônoma quando a denunciação da lide for indeferida, deixar de ser promovida ou não for permitida.
- **O incidente de desconsideração da personalidade jurídica** será instaurado a pedido da parte ou do MP, quando lhe couber intervir no processo. **#vaicair**

- O CPC/15 admite **a desconsideração inversa da personalidade jurídica. #detalhe**
    - O juiz ou o relator, considerando a relevância da matéria, a especificidade do tema objeto da demanda ou a repercussão social da controvérsia, poderá, por decisão irrecorrível, de ofício ou a requerimento das partes ou de quem pretenda manifestar-se, solicitar ou admitir a participação de pessoa natural ou jurídica, órgão ou entidade especializada, com representatividade adequada, no prazo de 15 (quinze) dias de sua intimação.
- **O juiz** não se exime de decidir sob a alegação de lacuna ou obscuridade do ordenamento jurídico.

O juiz responderá, civil e regressivamente, por perdas e danos quando:

- no exercício de suas funções, proceder com dolo ou fraude;
- recusar, omitir ou retardar, sem justo motivo, providência que deva ordenar de ofício ou a requerimento da parte. **#jahcaiu**
- **Poderá o juiz** declarar-se suspeito por motivo de foro íntimo, sem necessidade de declarar suas razões. **#detalhe**
- **O perito** tem o dever de cumprir o ofício no prazo, empregando toda sua diligência, podendo escusar-se do encargo alegando motivo legítimo.

CONCILIADOR	MEDIADOR
O conciliador, que atuará preferencialmente nos casos em que não houver vínculo anterior entre as partes, poderá sugerir soluções para o litígio, sendo vedada a utilização de qualquer tipo de constrangimento ou intimidação para que as partes conciliem.	O mediador, que atuará preferencialmente nos casos em que houver vínculo anterior entre as partes, auxiliará aos interessados a compreender as questões e os interesses em conflito, de modo que eles possam, pelo restabelecimento da comunicação, identificar, por si próprios, soluções consensuais que gerem benefícios mútuos.

- **As partes podem escolher, de comum acordo,** o conciliador, o mediador ou a câmara privada de conciliação e de mediação.
- **O Ministério Público** gozará de prazo em dobro para manifestar-se nos autos.
  - O membro do Ministério Público será civil e regressivamente responsável quando agir com dolo ou fraude no exercício de suas funções.
- **O membro da Advocacia Pública** será civil e regressivamente responsável quando agir com dolo ou fraude no exercício de suas funções.
- **A Defensoria Pública** gozará de prazo em dobro para todas as suas manifestações processuais. **#novidade**
- Versando o processo sobre direitos que admitam autocomposição, é lícito às partes plenamente capazes estipular mudanças no procedimento. **#jahcaiu**

- Em todos os atos e termos do processo é obrigatório **o uso da língua portuguesa.**
- **A prática eletrônica de ato processual** pode ocorrer em qualquer horário até as 24 (vinte e quatro) horas do último dia do prazo. **#ficaadica**
- **Na contagem de prazo em dias,** estabelecido por lei ou pelo juiz, computar-se-ão somente os dias úteis.
- **Suspende-se o curso do prazo processual** nos dias compreendidos entre 20 de dezembro e 20 de janeiro, inclusive. **#detalhe**
- **Para a validade do processo é indispensável à citação do réu,** ressalvadas as hipóteses de indeferimento da petição inicial ou de improcedência liminar do pedido.
- **O militar** em serviço ativo **será citado** na unidade em que estiver servindo, se não for conhecida sua residência ou nela não for encontrado.
- **Os advogados poderão requerer que, na intimação a eles dirigida,** figure apenas o nome da sociedade a que pertençam, desde que devidamente registrada na OAB.
- **O advogado e a sociedade de advogados** deverão requerer o respectivo credenciamento para a retirada de autos por preposto.
- Quando a lei prescrever determinada forma, o juiz considerará válido o ato se, realizado de outro modo, **lhe alcançar a finalidade. #jahcaiu**
- Dar-se-á o aproveitamento **dos atos praticados** desde que não resulte prejuízo à defesa de qualquer parte.

- A toda causa será atribuído valor certo, ainda que não tenha conteúdo econômico imediatamente aferível. **#ficaadica**
- **A tutela provisória** pode fundamentar-se em urgência ou evidência.
- **A tutela provisória** requerida em caráter incidental independe do pagamento de custas.
- Antes de proferir **decisão sem resolução de mérito,** o juiz deverá conceder à parte oportunidade para, se possível, corrigir o vício.

Procedimento Comum

- A petição inicial será instruída com os documentos indispensáveis à propositura da ação. **#ficaadica**
- Compreendem-se no pedido principal os juros legais, a correção monetária e as verbas de sucumbência, **inclusive os honorários advocatícios.**
- A interpretação do **pedido** considerará o conjunto da postulação e observará o princípio da boa-fé. **#vaicair**
- O valor da causa, na consignatória de aluguel, corresponde a uma anuidade. (Súm. 449, STF). **#STFsumulou**
  - O juiz, ao verificar que a petição inicial não preenche os requisitos dos arts. 319 e 320 ou que apresenta defeitos e irregularidades capazes de dificultar o julgamento de mérito, determinará que o autor, no prazo de 15 (quinze) dias, a emende ou a complete, indicando com precisão o que deve ser corrigido ou completado.
- **Indeferida a petição inicial,** o autor poderá apelar, facultado ao juiz, no prazo de 5 (cinco) dias, retratar-se.

- **Poderá haver mais de uma sessão destinada à conciliação e à mediação**, não podendo exceder a 2 (dois) meses da data de realização da 1ª sessão.
- **A audiência de conciliação ou de mediação** pode realizar-se por meio eletrônico, nos termos da lei. **#detalhe**
- Incumbe ao réu alegar, **na contestação,** toda a matéria de defesa, com que impugna o pedido do autor e especificando as provas que pretende produzir.
- Na contestação, é lícito ao réu propor reconvenção para manifestar pretensão própria, conexa com a ação principal ou com o fundamento da defesa. **#novidade**
- O réu pode propor **reconvenção** independentemente de oferecer contestação. Na hipótese de ele não contestar. Na Reconvenção serão fixados honorários advocatícios.
- **O revel,** em processo cível, pode produzir provas, desde que compareça em tempo oportuno. (Súm. 231, STF). **#STFsumulou**
- **Instalada a audiência de instrução,** o juiz tentará conciliar as partes, independentemente do emprego anterior de outros métodos de solução consensual de conflitos.
- A **audiência** poderá ser gravada em imagem e em áudio, em meio digital ou analógico, desde que assegure o rápido acesso das partes e dos órgãos julgadores. O juiz não precisa autorizar a dita gravação.
- **O juiz apreciará a prova** constante dos autos, independentemente do sujeito que a tiver promovido, e indicará na decisão as razões de seu convencimento. **#ficaadica**

- Ninguém se exime do dever de colaborar com o Poder Judiciário para o descobrimento da verdade. **#detalhe**
- A existência e o modo de existir de algum fato podem ser atestados ou documentados, a requerimento do interessado, **mediante ata lavrada por tabelião.**
- **A confissão extrajudicial,** quando feita oralmente, só terá eficácia nos casos em que a lei não exija prova literal. **#Jahcaiu**
- **Quando o documento** ou a coisa estiver em poder de terceiro, o juiz ordenará sua citação para responder no prazo de 15 (quinze) dias.
- **A falsidade do documento** deve ser suscitada na contestação, na réplica ou no prazo de 15 (quinze) dias, contado a partir da intimação da juntada do documento aos autos.
- A utilização de **documentos eletrônicos** no processo convencional dependerá de sua conversão à forma impressa e da verificação de sua autenticidade. **#detalhe**
- Cabe ao advogado informar ou **intimar a testemunha** por ele arrolada do dia, da hora e do local da audiência, dispensando-se a intimação do juízo.
- **O perito** cumprirá escrupulosamente o encargo que lhe foi cometido, independentemente de termo de compromisso. #jahcaiu
- As partes têm sempre direito a assistir **à inspeção,** prestando esclarecimentos e fazendo observações que considerem de interesse para a causa.
- Desde que possível, **o juiz resolverá o mérito** sempre que a decisão for favorável à parte a quem aproveitaria eventual decisão nos termos do art. 485.

- **O juiz resolverá o mérito** acolhendo ou rejeitando, no todo ou em parte, os pedidos formulados pelas partes.
- Denomina-se **coisa julgada material** a autoridade que torna imutável e indiscutível a decisão de mérito não mais sujeita a recurso. **#jahcaiu**

Liquidação de Sentença

- Quando a sentença condenar ao pagamento de quantia ilíquida, proceder-se-á à sua **liquidação,** a requerimento do credor ou do devedor.
- **Na liquidação** é vedado discutir de novo a lide ou modificar a sentença que a julgou.
- **A liquidação** por forma diversa da estabelecida na sentença não ofende a coisa julgada. (Súm. 344, STJ). **#STJ-sumulou**
  - Cabe agravo de instrumento da decisão proferida em sede de liquidação de sentença.

Cumprimento de Sentença

- **O cumprimento da sentença** que reconhece o dever de pagar quantia, provisório ou definitivo, far-se-á a requerimento do exequente.
- A decisão judicial transitada em julgado poderá ser levada **a protesto,** depois de transcorrido o prazo para pagamento voluntário.
- **Não ocorrendo pagamento voluntário em 15 dias,** o débito será acrescido de multa de 10% e, também, de honorários de advogado de 10%.

- A defesa utilizada pelo executado no cumprimento de sentença é a impugnação ao cumprimento de sentença. Ela será oferecida independentemente de garantia do juízo.

- **A prisão do devedor de alimentos** será cumprida em regime fechado, devendo o preso ficar separado dos presos comuns.
- O débito que autoriza a prisão civil é o que compreende até as **3 prestações** anteriores ao início da execução e as que se vencerem no curso do processo.
- A multa prevista no § 1º do art. 523 do CPC não se aplica **à Fazenda Pública.**

Procedimentos Especiais

- Requerer-se-á a **consignação** no lugar do pgto., cessando para o devedor, à data do depósito, os juros e os riscos, salvo se a demanda for julgada improcedente.
- Aquele que afirmar ser titular do direito de **exigir contas** requererá a citação do réu para que as preste ou ofereça contestação no prazo de 15 (quinze) dias.
- A propositura de uma **ação possessória** em vez de outra não obstará a que o juiz outorgue a proteção legal correspondente àquela cujos pressupostos estejam provados. Eis o que chamamos de Princípio da Fungibilidade. **#jahcaiu**
- O processo de **inventário e de partilha** deve ser instaurado dentro de 2 (dois) meses, a contar da abertura da sucessão, ultimando-se nos 12 (doze) meses subsequentes. **#detalhe**

- **A partilha amigável,** celebrada entre partes capazes, nos termos da lei, será homologada de plano pelo juiz.
- **Os embargos de 3°** podem ser de terceiro proprietário, inclusive fiduciário, ou possuidor.
- Quem pretender a coisa ou o direito sobre que controvertem autor e réu poderá, até ser proferida a sentença, **oferecer oposição** contra ambos. **#vaicair**
- **A habilitação** ocorre quando, por falecimento de qualquer das partes, os interessados houverem de suceder-lhe no processo.
- **Nas ações de família**, o MP somente intervirá quando houver interesse de incapaz ou interesse de mulher vítima de violência doméstica e familiar e deverá ser ouvido previamente à homologação de acordo.
- É cabível **ação monitória** contra a Fazenda Pública. (Súm. 339, STJ). **#STJsumulou**
- O prazo para ajuizamento de ação monitória em face do emitente de cheque sem força executiva é quinquenal, a contar do dia seguinte à data de emissão estampada na cártula. (Súm. 503, STJ). #STJsumulou
- O prazo para ajuizamento de ação monitória em face do emitente de nota promissória sem força executiva é quinquenal, a contar do dia seguinte ao vencimento do título. (Súm. 504 STJ). #STJsumulou
- É admissível a ação monitória fundada em cheque prescrito. (Súm.299 STJ). #STJsumulou
- Verificado o desaparecimento dos autos, eletrônicos ou não, pode o juiz, de ofício, qualquer das partes ou o MP, promover-lhes **a restauração.**

Execução

- O juiz poderá, de ofício ou a requerimento, determinar as medidas necessárias ao cumprimento da ordem de entrega de documentos e dados. Deve manter a confidencialidade, quando for necessário.
- **A execução** para cobrança de crédito fundar-se-á sempre em título de obrigação certa, líquida e exigível. **#Jahcaiu**
- **O devedor responde com todos os seus bens** presentes e futuros para o cumprimento de suas obrigações, salvo as restrições estabelecidas em lei.
- O devedor de obrigação de entrega de coisa certa, constante de título executivo extrajudicial, será citado para, em 15 dias, satisfazer a obrigação.
- Quando o objeto da execução for obrigação de fazer, o executado será citado para satisfazê-la no prazo que o juiz lhe designar, se outro não estiver determinado no título.
- O contrato de abertura de crédito, ainda que acompanhado de extrato da conta-corrente, não é **título executivo.** (Súm. 233, STJ). **#STJsumulou**
- **Na execução civil,** a penhora de dinheiro na ordem de nomeação de bens não tem caráter absoluto. (Súm. 417 STJ). **#STJsumulou**
- **Se o executado** praticou ato a cuja abstenção estava obrigado por lei ou por contrato, o exequente requererá ao juiz que assine prazo ao executado para desfazê-lo.

- Ao despachar a inicial, o juiz fixará, de plano, os honorários advocatícios de dez por cento, a serem pagos pelo executado. **#vaicair**
- A **penhora** deverá recair sobre tantos bens quantos bastem para o pagamento do principal atualizado, dos juros, das custas e dos honorários advocatícios.
- É lícito ao exequente, oferecendo preço não inferior ao da avaliação, requerer que lhe sejam **adjudicados** os bens penhorados.
- Na execução fundada em título extrajudicial, a Fazenda Pública será citada para opor embargos em 30 dias.
- O executado, independentemente de penhora, depósito ou caução, poderá se opor à execução por meio de **embargos. #jahcaiu**
- Os embargos à execução serão distribuídos por dependência, autuados em apartado e instruídos com cópias das peças processuais relevantes. Em regra, eles não têm efeito suspensivo.
- Os embargos serão oferecidos no prazo de **15 (quinze) dias. #detalhe**

Meios de Impugnação das Decisões Judiciais

- **Os tribunais** devem uniformizar sua jurisprudência e mantê-la estável, íntegra e coerente.
- O direito à rescisão se extingue em 2 (dois) anos contados do trânsito em julgado da última decisão proferida no processo.

- O julgamento do **IRDR** caberá ao órgão indicado pelo regimento interno dentre aqueles responsáveis pela uniformização de jurisprudência do tribunal.
- Os recursos não impedem a eficácia da decisão, salvo disposição legal ou decisão judicial em sentido diverso.
- **O Ministério Público** tem legitimidade para recorrer no processo em que oficiou como fiscal da lei, ainda que não haja recurso da parte. (Súm. 99, STJ). **#STJsumulou**
- O recorrente poderá, a qualquer tempo, sem a anuência do recorrido ou dos litisconsortes, **desistir do recurso.**
- **A renúncia ao direito de recorrer** independe da aceitação da outra parte.
- Dos despachos não cabe recurso. #Jahcaiu
- Excetuados os embargos de declaração, o prazo para interpor os recursos e para responder-lhes é de **15 (quinze) dias.** Nos Juizados Especiais o recurso que combate às sentenças será o Inominado, seu prazo de interposição é de 10 dias úteis.
- O recorrente comprovará a ocorrência de feriado local no ato de interposição do recurso. #STJconfirmou
- É dispensado o recolhimento do porte de remessa e de retorno no processo em autos eletrônicos.
- **O julgamento** proferido pelo tribunal substituirá a decisão impugnada no que tiver sido objeto de recurso.
- **O apelado** será intimado para apresentar contrarrazões no prazo de 15 (quinze) dias.

- O relator solicitará dia para julgamento em prazo não superior **a 1 (um)** mês da intimação do agravado.
- Contra decisão proferida pelo relator caberá **agravo interno** para o respectivo órgão colegiado.
- **Os embargos de declaração** não possuem efeito suspensivo e interrompem o prazo para a interposição de recurso, inclusive nos Juizados Especiais. **#detalhe**
- A pretensão de simples reexame de prova não enseja **recurso especial.** (Súm. 7, STJ). **#STJsumulou**
- Para simples reexame de prova não cabe recurso extraordinário. (Súm. 279, STF). **#STFsumulou**

DIREITO DO CONSUMIDOR

NATHÁLIA STIVALLE

Noções iniciais

- CDC é um microssistema jurídico e contém normas de ordem pública (inderrogáveis por convenção das partes) e interesse social (tutelam a coletividade de consumidores).
- Nas relações de consumo o juiz deve agir de ofício. **Atenção:** nos contratos bancários é vedado ao juiz conhecer de ofício cláusulas abusivas. **#STJsumulou**

Relação de Consumo

- **Consumidor** é toda pessoa física ou jurídica que adquire ou utiliza produto ou serviço como destinatário final.

  TEORIA MAXIMALISTA: consumidor é destinatário fático: retira da cadeia produtiva bem/serviço para necessidades próprias ou profissionais.

  TEORIA FINALISTA: consumidor é destinatário fático e econômico: retira da cadeia produtiva bem/serviço para necessidades próprias (consumo).

  TEORIA FINALISTA TEMPERADA: posição dominante no STJ. Aplica o CDC para enquadrar como consumidora a pessoa jurídica quando comprovada sua vulnerabilidade no caso concreto. **#ficaadica**

- Aplica o CDC nos casos em que, apesar do produto/serviço ser adquirido p/ atividade empresarial, há vulnerabilidade de uma parte frente à outra.
- Vulnerabilidade do consumidor: técnica, jurídica, socioeconômica ou informacional.
- **Vulnerabilidade** do consumidor pessoa física tem presunção absoluta (direito material) e **hipossuficiência** tem presunção relativa (direito processual). **#naoconfunda.**
- **Consumidores hipervulneráveis:** idosos, crianças, gestantes, pessoas portadoras de necessidades especiais, enfermos.
- **Consumidor equiparado:** coletividade de pessoas que haja intervindo na relação de consumo; vítimas do evento/do acidente de consumo e as pessoas expostas às práticas comerciais.
- **Fornecedor** é todo aquele que de forma direta ou indireta coloca produtos ou presta serviços no mercado de consumo, com habitualidade da atividade.
- **Produto:** qualquer bem com valor econômico. Não exige contraprestação em dinheiro, tanto que amostra grátis é protegida pelo CDC. **#detalhe**
- **Serviço:** atividade fornecida no mercado de consumo mediante remuneração, inclusive a de natureza bancária, financeira, de crédito e securitária. Excluída: atividade decorrente das relações de caráter trabalhista.
- A relação cliente-advogado é tutelada pelo CDC? STJ: relação regida pelo Estatuto da OAB. **#aplicacaopratica**
- **Serviço público**: caracteriza relação de consumo quando remunerado mediante tarifa ou preço público.

Princípios e Direitos dos Consumidores

- **Princípios:** vulnerabilidade, harmonia de interesses, educação e informação, controle de qualidade e segurança, coibição e repressão de abusos, boa-fé objetiva, melhoria dos serviços públicos etc.
- **Boa-fé objetiva:** consumidor/fornecedor devem agir com lealdade e cooperação mútua para que suas legítimas expectativas sejam atendidas. **#jahcaiu**
- **Direitos:** proteção da vida e saúde, à informação, reparação de dano, revisão de cláusula desproporcional, facilitação da defesa do direito, etc.
- **Modificação ou revisão de cláusulas contratuais:** desproporcionais ou fatos supervenientes que as tornem excessivamente onerosas. **#jahcaiu.**
- **Inversão do ônus da prova:** depende de decisão judicial; a favor do consumidor; verossimilhança da alegação/ hipossuficiência do consumidor. **#jahcaiu.**
- Alegação verossímil: é aquela plausível, que pode ser admitida como razoável, aceitável.
- Hipossuficiência do consumidor: dificuldade técnica e econômica do consumidor em produzir as provas dos fatos constitutivos do seu direito.
- **Momento da inversão do ônus da prova:** durante saneamento do processo (regra de instrução e não de julgamento).
- **Crédito e superendividamento:** garantia de práticas de crédito responsável, de educação financeira e de prevenção e tratamento de situações de superendividamento,

preservado o mínimo existencial, por meio da revisão e da repactuação da dívida. **#alteracaorecente**

Responsabilidade pelo Fato do Produto e do Serviço

Responsabilidade pelo fato do produto e do serviço
• fato do produto ou do serviço: DEFEITO OU ACIDENTE DE CONSUMO, que expõe a risco ou cause dano ao consumidor. **#prontofalei** • responsabilidade é objetiva e solidária. EXCEÇÃO: responsabilidade do profissional liberal, que é subjetiva. • excludentes de responsabilidade: não colocação do produto no mercado; inexistência do defeito; culpa exclusiva do consumidor ou de terceiro. • reparação dos danos: **prazo prescricional de 5 anos**, contados a partir do conhecimento do dano e de sua autoria.

Responsabilidade por vício do produto e do serviço
• vício do produto ou do serviço: QUALIDADE OU QUANTIDADE QUE O TORNA INADEQUADO ao consumo a que se destina ou LHE DIMINUA O VALOR. **#prontofalei** • responsabilidade é objetiva e solidária. EXCEÇÃO: responsabilidade do profissional liberal, que é subjetiva. • prazos decadenciais para reclamar pelos vícios de serviços/produtos. Não confundir com o prazo prescricional do fato do produto/serviço.

Prazos decadenciais:
• **vícios aparentes/fácil** constatação nos serviços e produtos: • **não duráveis**: caduca em 30 dias, a partir da entrega efetiva do produto ou do término da execução dos serviços. • **duráveis:** caduca em 90 dias, a partir da entrega efetiva do produto ou do término da execução dos serviços. • **vícios ocultos:** o prazo decadencial inicia-se no momento em que ficar evidenciado o defeito. Obstam a decadência: reclamação comprovada até a resposta negativa do fornecedor; instauração de inquérito civil, até seu encerramento.

- Fornecedor: **30 dias** para sanar o **vício de qualidade.** Esse prazo pode ser reduzido/ampliado. Não pode ser inferior a 7 nem superior a 180 dias.
- **Vício de quantidade do produto**: não há previsão legal do prazo de 30 dias para saná-lo. **#ficaadica**
- E se o vício não for sanado? Substituição; complementação; devolução do dinheiro; abatimento proporcional do preço. **#aplicacaopratica**
- O CDC veda a denunciação da lide nas ações de consumo! **#detalhe**

Desconsideração da Personalidade Jurídica

> **CDC:** abuso de direito; excesso de poder; infração da lei, fato ou ato ilícito; violação dos estatutos/contrato social; falência, estado de insolvência; encerramento/inatividade da PJ por má administração.
>
> **CC:** abuso de personalidade caracterizado pelo desvio de finalidade ou pela confusão patrimonial.

Práticas Comerciais

- **Oferta:** vincula o fornecedor quando for veiculada e conter informação suficientemente precisa. Prometeu, tem de cumprir!
- **Publicidade** deve ser ostensiva, de modo que o consumidor a identifique como tal de forma fácil e imediata.
- É vedada a publicidade clandestina/subliminar, que é aquela que o consumidor não se dá conta de que se trata de uma oferta publicitária.
- É proibida toda publicidade enganosa ou abusiva.
- **Publicidade enganosa**: capaz de induzir em erro o consumidor. **#jahcaiu**
- **Publicidade abusiva**: discriminatória, a que incite à violência, explore o medo ou a superstição, se aproveite da deficiência de julgamento e experiência da criança, desrespeita valores ambientais, capaz de induzir o consumidor a se comportar de forma prejudicial ou perigosa à sua saúde ou segurança. **#jahcaiu**
- **Práticas abusivas:** venda casada, vantagem excessiva, envio de produto sem solicitação prévia, repasse de

informação depreciativa, elevação de preço sem justificativa, permissão em estabelecimentos de um número maior de consumidores que o fixado pela autoridade administrativa, etc. **#jahcaiu**

- Envio de cartão de crédito sem prévia solicitação é prática abusiva sujeita à indenização e multa (STJ, Sum. 532). **#STJsumulou**
- **Cobrança de dívidas:** prática regular no mercado de consumo, vedada apenas a cobrança abusiva do débito (ameaça, constrangimento).
- **Cobrança indevida**: consumidor tem direito de receber o dobro do que tenha pago em excesso, salvo hipótese de engano justificável. **#jahcaiu**
- **Engano justificável:** aquele que não decorre de culpa, dolo ou má-fé do fornecedor. Observados os cuidados necessários, o engano subsiste.
- **Banco de dados e cadastro de consumidores:** arquivos de consumo que armazenam informações utilizadas na relação de consumo.
- Cabe ao credor excluir o devedor no cadastro de inadimplentes no prazo de 5 dias úteis, a partir do pagamento do débito (STJ, Sum 548). **#STJsumulou**

Proteção Contratual

No que consiste o direito de arrependimento?
Desistência do contrato, no prazo de 7 dias da assinatura ou do recebimento do produto/serviço, quando contratar fora do estabelecimento.

#musiquinha – melodia –
"A barata diz que tem sete tiras de filó"

O arrependimento tem,
Sete dias pra ocorrer.
É direito do que compra,
Ele pode devolver,
Desde que desde que
Fora da loja escolher.

- **Cláusula abusiva:** aquela que desfavorece o consumidor (art. 51, CDC). Ex: cláusula de não indenizar, que retira opção de reembolso, que transfira responsabilidade a terceiros, que seja incompatível com a boa-fé, que autorize o fornecedor a cancelar o contrato unilateralmente, etc. **#jahcaiu**
- É nula de pleno direito. Alegada a qualquer tempo, a requerimento das partes ou de ofício.
- A cláusula contratual de plano de saúde que prevê carência para utilização dos serviços de assistência médica nas situações de emergência é abusiva se ultrapassado o prazo máximo de 24 horas contado da data da contratação (STJ, Sum. 597). **#STJsumulou**
- A recusa de cobertura securitária, sob a alegação de doença preexistente, é ilícita se não houve a exigência de exames médicos prévios à contratação ou a demonstração de má-fé do segurado (STJ, Sum. 609). **#STJsumulou**
- É abusiva a cláusula contratual que restringe a responsabilidade de instituição financeira pelos danos decor-

rentes de roubo, furto ou extravio de bem entregue em garantia no âmbito de contrato de penhor civil (STJ, Sum. 638). **#STJsumulou**

- É abusiva a cláusula que condicione ou limite de qualquer forma o acesso aos órgãos do Poder Judiciário. **#alteracaorecente**
- É abusiva a cláusula que estabelece prazos de carência em caso de impontualidade das prestações mensais ou impeçam o restabelecimento integral dos direitos do consumidor e de seus meios de pagamento a partir da purgação da mora ou do acordo com os credores. **#alteracaorecente**

Da prevenção e do tratamento do superendividamento

- Inclusão dos arts. 54-A a 54-G. para dispor sobre a prevenção do superendividamento da pessoa natural, sobre o crédito responsável e sobre a educação financeira do consumidor. **#alteracaorecente**

Defesa do Consumidor em Juízo

- A defesa dos direitos dos consumidores e das vítimas poderá ser exercida em juízo por meio de ação individual ou ação coletiva.
- Ação individual: normas processuais do CDC e, subsidiariamente, o CPC.
- Ação coletiva: normas processuais do CDC, da Lei de Ação Civil Pública e, subsidiariamente, o CPC.

Tutela Coletiva			
Direitos:	**Sujeitos**	**Objeto**	**Origem**
Difusos	indetermináveis	indivisível	circunstância de fato
Coletivos	determináveis	indivisível	relação jurídica base
Individuais Homogêneos	determináveis	divisível	origem comum

- Intervenção do Ministério Público é obrigatória seja enquanto autor da ação coletiva seja na qualidade de fiscal da ordem jurídica.
- O Ministério Público tem legitimidade ativa para atuar na defesa de direitos difusos, coletivos e individuais homogêneos dos consumidores, ainda que decorrentes da prestação de serviço público (STJ, Sum. 601). **#STJsumulou**
- Competência: âmbito local: foro do lugar do dano; âmbito regional/nacional: foro da Capital do Estado ou no DF. **#macetao**

Efeito da coisa julgada nas ações coletivas que tutelam os direitos difusos:	
sentenças de procedência	erga omnes, para beneficiar toda a coletividade.
sentenças de improcedência	*erga omnes*. Pode ser ajuizada ação individual com o mesmo fundamento.
sentenças de improcedência por insuficiência de provas	sem eficácia erga omnes.

Efeito da coisa julgada nas ações coletivas que tutelam os direitos coletivos:	
sentenças de procedência	*ultra partes*, mas limitadamente ao grupo, categoria ou classe.
sentenças de improcedência	ultra partes. Pode ser ajuizada ação individual com o mesmo fundamento.
sentenças de improcedência por insuficiência de provas	sem eficácia ultra partes.

Efeito da coisa julgada nas ações coletivas que tutelam os direitos individuais homogêneos:	
sentenças de procedência	*erga omnes*, para beneficiar todas as vítimas e seus sucessores. (correto seria efeito ultra partes).
sentenças de improcedência	sem eficácia erga omnes. Alcança somente os litisconsortes. OBS: Os demais poderão propor ação individual.
sentenças de improcedência por insuficiência de provas	lei é omissa, mas entende-se ser vedada a apresentação de nova demanda.

- A ação coletiva não induz litispendência em relação à ação individual. **#jahcaiu.**
- O demandante se beneficiará dos efeitos da coisa julgada ultra partes se pedir a suspensão da ação individual no prazo de 30 dias.
- O mesmo vale para os efeitos da coisa julgada *erga omnes* dos direitos individuais homogêneos.
- O prazo de 30 dias é contado a partir da ciência nos autos do ajuizamento da ação coletiva.

DIREITO EMPRESARIAL

Nathália Stivalle

Teoria Geral do Direito de Empresa

- **EMPRESA** é **ATIVIDADE ECONÔMICA** organizada para produção ou circulação de bens e serviços. O CC adotou o **perfil funcional** para defini-la. **#detalhe**
- Requisitos p/ ser **EMPRESÁRIO**: profissionalismo + atividade econômica (lucro) + organizada + produção ou circulação de bens ou serviços.
- Profissionalismo tem 3 aspectos: habitualidade; pessoalidade; monopólio de informação (conhecimento das técnicas de produção, etc.)
- **Atividades intelectuais,** de natureza científica, literária ou artística: são de **natureza civil** e não empresarial!
- O profissional intelectual (advogado, médico, etc.) é empresário? Não, salvo quando o exercício da sua profissão constituir elemento de empresa. Ex: professor que se torna dono de curso preparatório para concursos.
- Elemento de empresa = organização dos fatores de produção. **#prontofalei**
- **Produtor Rural:** registro na Junta é facultativo. Se registrar, equipara-se a empresário, caso contrário, a atividade é civil. **#ficaadica**
- **Associação que desenvolva atividade futebolística em caráter habitual e profissional:** registro na Junta é

facultativo. Se registrar, será considerada empresária, para todos os efeitos. **#alteracaorecente**

- Incapacidade superveniente do empresário individual: admite-se apenas a continuidade do exercício de empresa pelo incapaz antes de declarada sua incapacidade, não permitindo que o incapaz inicie o exercício de uma atividade empresarial. **#jahcaiu**
- **SÓCIO INCAPAZ:** não administra a sociedade; capital social totalmente integralizado; assistido/representado se relativa ou absolutamente incapaz.
- Marido e mulher podem ser sócios? Sim, se casados na comunhão parcial, participação final nos aquestos e separação convencional. **#aplicacaopratica**
- Empresário casado pode, sem outorga conjugal, em qualquer regime de bens, alienar imóveis da empresa ou gravá-los de ônus real (978 CC).

#musiquinha – melodia – "Escravos de Jó"

Empresário casado,
Quer transacionar,
Aliena, grava, deixa ficar.
A esposa em bem imóvel
Não precisa opinar. (2x)

Empresa individual de responsabilidade limitada: único titular; capital devidamente integralizado, com a responsabilidade limitada ao valor do capital social. #jahcaiu

Não confundir com o **empresário individual**, que responde ilimitadamente pelas obrigações decorrentes da atividade empresarial. **#naoconfunda**

- **Empresário irregular:** aquele que não registra seus atos constitutivos na Junta Comercial. **#jahcaiu**
- **SINREM** é composto por Departamento Nacional de Registro Empresarial e Integração (âmbito federal) e Juntas Comerciais (âmbito estadual).
- Atos de registro de empresa: matrícula (auxiliares do comércio), arquivamento (empresário/sociedade empresária) e autenticação (escriturações).
- Documento registrado na Junta: 30 dias, contado da lavratura do ato, efeito *ex tunc* (retroage). Após 30 dias, efeito ex nunc (não retroage).

Para não confundir	
Estabelecimento	complexo de bens corpóreos e incorpóreos reunidos pelo empresário ou sociedade empresária para o desenvolvimento da atividade econômica.
Empresa	atividade econômica organizada para a produção ou circulação de bens e serviços.
Aviamento	valor acrescido aos bens do estabelecimento em razão da reunião organizada pelo empresário ou sociedade empresária.
Ponto Comercial	local onde o empresário desenvolve atividade econômica.

- Estabelecimento é uma universalidade de fato. **#detalhe**
- **Alienação do estabelecimento**: adquirente responde pelo pagamento dos débitos anteriores à transferência, desde que regularmente contabilizados.

- O alienante é solidariamente obrigado por 1 ano. Créditos vencidos a partir da publicação e vincendos, da data do vencimento.
- **Cláusula de não concorrência**: vendedor não pode concorrer com comprador por 5 anos após a venda, salvo se autorizado no contrato da venda.

Marca	Nome Empresarial	Título do Estabelecimento
Identifica os produtos e serviços.	Identifica a empresa.	Identifica o estabelecimento.

- **Nome empresarial – firma:** nome civil do empresário/ sócio; **denominação:** nome civil do sócio ou elemento fantasia e indicação do objeto social.
- **Proteção do nome empresarial**: arquivamento dos atos constitutivos do empresário/ averbações na Junta Comercial. A proteção é restrita aos limites territoriais do Estado de registro.

Direito Societário

- A sociedade pode ser empresária ou simples.
- A sociedade empresária tem por objeto atividade própria de empresário. Se o objeto social for explorado sem empresarialidade, será simples. **#jahcaiu**
- **EXCEÇÃO:** independentemente de seu objeto são empresárias as sociedades por ações e simples as cooperativas. Submetem-se à inscrição no Registro Público de Empresas Mercantis. **#detalhe**

- **Sociedades não personificadas:** seus atos constitutivos não são arquivados na Junta. Ex: sociedade em comum; sociedade em conta de participação.
- **Sociedade em comum**: trata da sociedade irregular (ato constitutivo não registrado/expirado) e da sociedade de fato (não tem ato constitutivo).
- O sócio que contratou pela sociedade responde ilimitada e diretamente com seus bens pessoais pelas obrigações sociais. Os demais respondem ilimitada e subsidiariamente. **#jahcaiu**
- **Sociedade em conta de participação:** dotada de natureza secreta. Composta pelo sócio ostensivo que contrata pela sociedade e o sócio oculto.
- O fato de a sociedade em conta de participação ser oculta não significa que seja irregular ou ilícita.
- **Sociedades personificadas:** adquirem personalidade jurídica com o registro na Junta dos seus atos constitutivos.
- Atuam em nome próprio, tem legitimidade processual e respondem com patrimônio próprio, sendo este inconfundível com o patrimônio dos sócios. **#ficaadica**

Pluralidade de sócios comporta exceções: SOCIEDADE UNIPESSOAL.

Exs: Empresa Individual de Responsabilidade Limitada #alteracaorecente; Unipessoalidade Temporária Incidental; Sociedade Subsidiária Integral; Sociedade Limitada (art. 1052, §§1° e 2°, CC) #alteracaorecente.

- Quando deve ser desconsiderada a personalidade jurídica? Em caso de abuso, caracterizado pelo desvio de finalidade ou confusão patrimonial.
- **Levantar o véu da pessoa jurídica:** mudança na atribuição de responsabilidade pelos atos fraudulentos: da sociedade para os sócios. **#macetao**
- **O CPC/15 disciplinou o incidente de desconsideração da personalidade jurídica. #alteracaorecente**
- Depende de requerimento da parte ou do MP, não sendo permitida a desconsideração de ofício pelo juiz. Deve ser motivada. **#ficaadica**
- **Desconsideração inversa:** alcança bem da sociedade por dívida pessoal do sócio quando este se vale da pessoa jurídica para ocultar ou desviar bens pessoais.
- **Sociedade em nome coletivo:** os sócios são obrigatoriamente pessoas físicas e todos respondem, de forma subsidiária, solidária e ilimitadamente pelas obrigações sociais.
- **Sociedade em comandita simples:** duas categorias de sócios: os **comanditados**, pessoas físicas, responsáveis solidária e ilimitadamente pelas obrigações sociais e os **comanditários**, pessoas físicas ou jurídicas, obrigados somente pelo valor de suas cotas.
- **Sociedade Limitada:** responsabilidade do sócio é restrita ao valor de sua cota, mas todos respondem solidariamente pela integralização do capital social.
- **Subscrição:** sócio se compromete a contribuir para formação do capital social. **Integralização:** sócio efetivamente contribui. **#naoconfunda**

- Quando o sócio da limitada responde ilimitadamente? Decide contra lei/contrato social; obrigação trabalhista; desconsideração; dolo no não pagamento de imposto.
- **REGRA:** sociedade responde por todos os atos dos seus administradores, ainda que tenham atuado com excesso de poderes. **EXCEÇÃO**: parágrafo único do art. 1015, CC.
- **TEORIA ULTRA VIRES** (além das forças): sociedade não responde por atos dos seus administradores que estão evidentemente fora do objeto social.
- O sócio poderá participar e votar a distância em reunião ou em assembleia, que poderá ser realizada de forma digital. **#alteracaorecente**
- **Sociedade Anônima:** tem um estatuto social; capital dividido em ações; sociedade de capital (importa a contribuição financeira do acionista)
- A responsabilidade do acionista é limitada à integralização do preço da ação por ele adquirida.
- Não existe responsabilidade solidária entre os acionistas pela integralização do valor das ações subscritas e não integralizadas pelos outros acionistas.
- Valores mobiliários: ações; debêntures; *commercial papers*; partes beneficiárias; bônus de subscrição.
- Órgãos da SA: Assembleia Geral, Conselho de Administração, Diretoria e Conselho Fiscal.
- O acionista poderá participar e votar a distância em assembleia geral, que poderá ser realizada de forma digital. **#alteracaorecente**

- **Sociedade em comandita por ações:** duas categorias de sócios: acionistas comuns, que respondem de forma limitada e aqueles que ocupam cargo de administração, que respondem ilimitadamente pelas obrigações sociais.
- **Sociedade cooperativa:** Sociedade de pessoas, que reciprocamente se obrigam a contribuir com bens/serviços para o exercício de uma atividade econômica, de proveito comum, sem objetivo de lucro, de natureza civil, não sujeita a falência.
- O associado poderá participar e votar a distância em reunião ou em assembleia, que poderão ser realizadas em meio digital. **#alteracaorecente**

Títulos de Créditos

- Título de Crédito é o documento necessário para o exercício do direito, literal e autônomo, nele mencionado (Vivante).
- Princípios: cartularidade, literalidade e autonomia. Este se subdivide em abstração e inoponibilidade das exceções pessoais aos terceiros de boa-fé.
- **Letra de Câmbio:** o sacador ou emitente ordena ao sacado o pagamento do valor constante no título ao tomador ou beneficiário.
- É transferível mediante endosso, é completada pelo aceite e garantida pelo aval.
- Embora o aceitante seja o devedor principal, o sacador é garante tanto da aceitação como do pagamento de letra (é coobrigado). **#detalhe**

- Na falta do aceite, o sacador é o devedor principal!
- O aceite é facultativo, mas irretratável. **#ficaadica**
- O protesto é obrigatório perante o sacador, endossantes e avalistas. É facultativo perante o aceitante e respectivo avalista. **#ficaadica**
- **Nota Promissória:** o emitente ou sacador promete pagar o valor constante no título ao beneficiário (credor).
- Aplicam-se todas as regras referentes às letras de câmbio, exceto naquilo que for incompatível com sua natureza de promessa de pagamento.
- Admite apenas o protesto por falta de pagamento. **Não se cogita de aceite nem de sacado! #detalhe**
- O devedor principal é o próprio emitente, de modo que o protesto para o exercício do direito de crédito contra ele é facultativo. **#ficaadica**
- **Cheque:** ordem de pagamento à vista dada pelo sacador contra o sacado-banco, com base em suficiente provisão de fundos, em favor próprio ou de terceiros.
- **Não admite o aceite**, mas admite o aval total ou parcial.
- O banco não é garante do pagamento do cheque. Também não endossa nem avaliza o título. **#jahcaiu**
- Admite apenas o protesto por falta de pagamento, que deve ser feito durante o prazo de apresentação do cheque. **#jahcaiu**

> Cheque pós-datado: não produz efeitos perante o banco sacado, já que o cheque é ordem de pagamento à vista.
> MAS a apresentação antecipada do cheque pré-datado pelo credor caracteriza dano moral. (STJ, Sum 370) **#STJsumulou**

- **Duplicata:** ordem de pagamento emitida pelo credor para documentar crédito oriundo de prestação de serviço/compra e venda mercantil.
- Causalidade da duplicata: compra e venda mercantil/ prestação de serviços. A emissão sem causa configura crime (172 CP). **#ficaadica**
- A emissão da duplicata é facultativa. Mas, se emitida, deve ser escriturada no Livro de Registro de Duplicatas (obrigatório);
- É necessariamente emitida a partir de uma fatura. E é transmissível por endosso e garantida por aval.
- Aceite: é obrigatório!
- **EXCETO:** avaria/não recebimento das mercadorias; vícios/defeitos/diferenças na qualidade/quantidade das mercadorias e divergência nos prazos/preços ajustados.
- A duplicata pode ser protestada por falta de aceite; de devolução do título ou falta de pagamento.
- Quando se dá o **protesto por indicações**? Quando há retenção da duplicata pelo comprador.
- As regras do CC se aplicam supletivamente aos títulos de crédito típicos (letra de câmbio/nota promissória/duplicata/cheque), disciplinados por lei especial. **#ficaadica**

Direito Falimentar

Considerações iniciais sobre falência e recuperação judicial

- Juízo competente: local do principal estabelecimento do devedor ou da filial de empresa que tenha sede fora do Brasil. **#jahcaiu**
- Falência/recuperação judicial: **suspende o curso da prescrição das obrigações do devedor.**
- Se o falido ou o titular da empresa em recuperação for o credor, a prescrição das obrigações não se suspende. **#naoconfunda.**
- **Não se suspendem** também **os prazos decadenciais,** mesmo das obrigações devidas pelo falido ou pelo titular da empresa em recuperação.
- Falência/recup. jud.: suspende as execuções ajuizadas contra o devedor, inclusive aquelas dos credores particulares do sócio solidário.
- A recuperação judicial do devedor principal não impede o prosseguimento das ações e execuções ajuizadas contra terceiros devedores solidários ou coobrigados em geral, por garantia cambial, real ou fidejussória (STJ, Sum. 581). **#STJsumulou**
- Falência/recup. jud.: proíbe qq. forma de retenção, arresto, penhora, sequestro, busca e apreensão e constrição jud. ou extrajud. sobre os bens do devedor. **#alteracaorecente**
- As suspensões e a proibição de que tratam os itens anteriores perdurarão pelo prazo de **180 dias,** contado do

deferimento do processamento da recup., **prorrogável por igual período, uma única vez**, em caráter excepcional, desde que o devedor não haja concorrido com a superação do lapso temporal. **#alteracaorecente**

- A LRE incentiva conciliações e mediações antecedentes/incidentais aos processos de recuperação judicial. **#alteracaorecente**

Recuperação Judicial

- **Recuperação judicial substituiu a concordata.** Aumento do poder decisório dos credores.
- Requisitos para o devedor pedir recuperação judicial: atividade regular há + de 2 anos; não ser falido; não ter, há menos de 5 anos, obtido a recuperação;
- E mais: não ter, há menos de 5 anos, obtido recuperação com base no plano especial para ME e EPP; não ter sido condenado por qualquer dos crimes previstos na Lei. **#jahcaiu**
- Da decisão que defere a recuperação cabe agravo interposto por qualquer credor ou pelo MP.
- O descumprimento de qualquer obrigação prevista no plano acarretará a convolação da recuperação em falência.
- Convolação = transformação. **#prontofalei**
- Mas, se cumpridas as obrigações, o juiz decretará por sentença o encerramento da recuperação judicial.
- Quando há convolação da recuperação judicial em falência? Deliberação da assembleia geral de credores;

não apresentação do plano de recuperação no prazo de 60 dias;

- E ainda: quando rejeitado o plano de recuperação judicial proposto pelos credores; por descumprimento de qualquer obrigação assumida no plano de recuperação.

- Por fim: por descumprimento dos parcelamentos junto às Fazendas Públicas ou INSS ou da transação relativa a créditos inscritos em dívida ativa da União e quando identificado o esvaziamento patrimonial da devedora que implique liquidação substancial da empresa. **#alteracaorecente**

Falência

- Juízo da falência é indivisível e competente para conhecer todas as ações sobre bens, interesses e negócios do falido!

- **EXCEÇÕES:** ações de quantia ilíquida; ações trabalhistas; execuções tributárias; ação cuja parte/interessado é o ente público federal.

- A falência determina o vencimento antecipado das dívidas do devedor!

- Classificação dos créditos: **1) trabalhistas,** limitados a 150 salários-mínimos por credor e decorrente de acidente de trabalho; **2) gravados com direito real de garantia; 3) tributários; 4) quirografários; 5) multas contratuais e penas pecuniárias** por infração das leis penais ou administrativas, inclusive as multas tributárias; **6) subordinados; 7) juros vencidos após a decretação da falência. #alteracaorecente**

- O que são **créditos extraconcursais**? Aqueles surgidos após a decretação da falência e decorrentes das dívidas adquiridas pela massa. **#jahcaiu**
- **Decretação da falência:** impontualidade injustificada; execução frustrada e prática de atos de falência.
- Citado o devedor, ele poderá: contestar em 10 dias; efetuar o depósito elisivo ou pedir recuperação judicial.
- Depósito elisivo: valor correspondente ao total do crédito + correção + juros + honorários, hipótese em que a falência não será decretada.
- Da decisão que decreta a falência cabe agravo. Da sentença que julga a improcedência do pedido cabe apelação.
- **TERMO LEGAL DA FALÊNCIA:** período de tempo anterior à falência cujos atos do falido podem ser declarados ineficazes em relação à massa. **#detalhe**
- Ordem de pagamento: créditos trabalhistas; restituições; créditos extraconcursais e créditos concursais.

Principais efeitos da decretação da falência quanto:	
à pessoa do falido	inabilitado para exercer qualquer atividade empresarial; perda do direito de administrar os seus bens; etc.
aos bens do falido	são arrecadados pelo administrador judicial, com exceção dos absolutamente impenhoráveis.
aos credores do falido	suspensão das execuções ajuizadas contra o devedor.

Principais efeitos da decretação da falência quanto:	
às obrigações do falido	vencimento antecipado das dívidas; suspensão do recebimento do valor de suas quotas ou ações etc. **#jahcaiu**
aos atos do falido	ineficazes (art. 129 LRE) e revogáveis (art. 130 LRE).

- **Ato ineficaz**: declarado de ofício, alegado em defesa ou pleiteado em ação própria. **Independe da caracterização da fraude. #jahcaiu.**
- **Ato revogável: conluio fraudulento** entre o devedor e o terceiro que com ele contratar e o efetivo prejuízo sofrido pela massa falida.
- Ato revogável: combatido por meio da ação revocatória.
- **AÇÃO REVOCATÓRIA**. Corre na falência. Não confundir com o ato ineficaz. **#naoconfunda**. Prazo: 3 anos contados da decretação da falência.

Recuperação Extrajudicial

- É um **instituto facultativo** e pode o devedor escolher os credores que pretende incluir no plano de recuperação, sendo que estes credores poderão ou não aderir ao plano.
- **Créditos excluídos**: de natureza tributária e aqueles previstos no § 3º do art. 49 e no inciso II do caput do art. 86 da LRE, e a sujeição dos créditos de natureza trabalhista e por acidentes de trabalho exige negociação coletiva com o sindicato da respectiva categoria profissional. **#alteracaorecente**

- Após a distribuição do pedido de homologação, os credores não poderão desistir da adesão ao plano, salvo com a anuência expressa dos demais signatários. **#jahcaiu**
- Pedido de homologação não suspende ações nem pedidos de falência.
- Produz efeitos após sua homologação judicial. É lícito, contudo, que o plano estabeleça a produção de efeitos anteriores à homologação, desde que exclusivamente em relação à modificação do valor ou da forma de pagamento dos credores signatários. **#jahcaiu**

DIREITO TRIBUTÁRIO

Milton Bandeira

Noções Gerais

- **Direito Tributário:** ramo do **Dir. Público,** regula relações jurídicas relativas a **tributos** e **obrigações correlatas.**
- **Tributo:** prestação compulsória/em moeda ou cujo valor nela possa exprimir/não seja sanção ilícito/prevista em lei/cobrada mediante ativ. adm. vinculada.
- A **natureza jurídica** do tributo é determinada pelo fato gerador da obrigação tributária (**OT**). **Irrelevantes:** denominação, características formais e destino arrecadação. **#naoconfunda**
- A doutrina classifica os tributos em **vinculados** e **não vinculados. #prontofalei**
  - **Vinculados:** fato gerador = atividade estatal para com o contribuinte (ex: **taxas** e **contribuição de melhoria**).
  - **Não vinculados:** caso não haja atividade estatal para com o contribuinte (ex: **impostos e algumas contribuições**).
- Classificação dos tributos quanto à sua finalidade: **fiscais, extrafiscais** e **parafiscais.**
  - **Fiscais:** finalidade principal é arrecadar dinheiro (ex: IR, ICMS e ISS);

- **Extrafiscais:** finalidade principal é **intervir** numa **situação econômica/social** (ex.: II e IE); mas também arrecadam;
- **Parafiscais:** finalidade é arrecadar, mas a arrecadação é **destinada** à **entidade** que preste **atividade** no **interesse** do **Estado** (ex: contribuições p/ SESC).

• **Espécies tributárias:** para o CTN: **impostos, taxas** e **contribuições de melhoria** (teoria **tripartida**).
  - O **STF** reconhece **cinco espécies** (teoria **pentapartida**): impostos, taxas, contribuição de melhoria, empréstimos compulsórios e contribuições especiais. #detalhe

• **Imposto:** tem por fato gerador situação independente de qualquer atividade estatal específica relativa ao contribuinte, financiam as atividades gerais do Estado.

• **Taxa:** pode ser instituída pela União, Estados, DF e Municípios (competência comum), possui duas espécies:
  - **Taxa de polícia:** exercício do poder de polícia (fiscalização);
  - **Taxa de serviço: utilização**, efetiva ou potencial, de **serviços públicos**. Serviço de iluminação pública não pode ser remunerado por taxa (STF, S. Vincul. 41). **#STFsumulou**

• **Contribuição de melhoria (CM):** também competência comum, pode ser instituí-la em razão de **obra pública** (fato gerador é a **valorização dela decorrente, não** a obra).
  - A **CM** possui dois limites: um **individual** (valorização do imóvel) e outro **total** (gasto da obra). **#jahcaiu**

- **Empréstimos compulsórios (EC):** só a União, por **lei complementar,** poderá institui-los; seus recursos são **vinculados** às despesas que os **fundamentaram;**

  Finalidades do EC:

  - atender despesas extraordinárias, em razão de calamidade pública, guerra externa ou sua iminência;
  - investimento público urgente e relevante interesse nacional.

- **Devolução do EC:** é tributo restituível, sua devolução tem que ser em dinheiro. **#STFdecidiu**

- **Contribuições especiais:** ***especiais* para diferenciá-las da Cont. de melhoria.** Regra matriz: CF, art. 149. Dividem-se em:

  - **contribuições sociais;**
  - **contribuições de intervenção no domínio econômico;**
  - **contribuição de interesse das categorias profissionais ou econômicas; e**
  - existe ainda a **Contribuição de Iluminação Pública** (EC 39/2002), instituída p/ **Municípios e DF;** pode ser **cobrada** na **conta** de energia. #detalhe

Princípios/Imunidades – limitações ao poder de tributar

As limitações ao poder de tributar são instrumentos voltados a conter a competência tributária. São materializados em princípios e imunidades previstos pela Constituição.

- **P. da legalidade (PL):** instituir ou aumentar tributo só por **lei**. **MP** pode (força de lei); só **não** podem (as MPs) tratar de matéria de L. Complementar.
    - **Exceções ao PL:** II, IE, IPI, IOF, CIDE-combustíveis e ICMS-combustíveis. Art. 97 do CTN: matérias que **só a lei pode disciplinar** (reserva legal).
- **P. da isonomia:** veda tratamento desigual entre contribuintes que se encontrem em situação equivalente (profissão, função, denominação rendimentos). **#jahcaiu**
- **P. da capacidade contributiva:** sempre que possível os **IMPOSTOS** terão caráter pessoal e serão graduados segundo a capacidade econômica do contribuinte.

- O **STF** entende possível a aplicação desse princípio às demais espécies tributárias (ex: **taxas**). **#detalhe**

- **P. da irretroatividade (PI):** veda a cobrança de tributo em relação a fatos geradores ocorridos **antes da vigência** da lei que os **instituiu** ou **aumentou**.
    - **Exceções ao PI:** leis interpretativas e fatos não definitivamente julgados quando a lei nova for mais benéfica para infrações/penalidades (podem retroagir). **#jahcaiu**
    - A legislação tributária aplica-se imediatamente aos fatos geradores **futuros** e aos **pendentes.**
- **P. da anterioridade geral/exercício (PA):** veda cobrar tributos no mesmo exercício financeiro em que haja sido **publicada a lei** que os **instituiu** ou **aumentou.**
    - No Brasil, o exercício financeiro coincide com o ano civil, ou seja, de 1º janeiro a 31 de dezembro.

- **Exceções ao PA: II, IE, IPI, IOF**, CIDE-combustíveis, ICMS-combustíveis, Empréstimos Compulsórios, Imp. Extraord. Guerra e Contribuição de Seguridade Social.
- Norma legal que altere o prazo de recolhimento da obrigação tributária **não** se sujeita ao princípio da anterioridade (STF, S. Vincul. 50). **#STFsumulou**

• **P. da noventena (PN):** veda a cobrança de tributos antes de decorridos **noventa dias** da data em que haja sido **publicada a lei** que os **instituiu** ou **aumentou**.

- **Exceções ao PN: II, IE, IOF, IR,** Empréstimo compulsório de guerra externa ou calamidade, Imp. Extraord. Guerra e base de cálculo do IPVA e do IPTU. **#jahcaiu**

• **P. da uniformidade geográfica (PUG):** veda instituir tributo **não** uniforme em todo território nacional.

- **Exceção ao PUG:** concessão de incentivos fiscais para promover equilíbrio do desenvolvimento entre diferentes regiões (ex.: Z. Franca de Manaus).

• **P. da vedação às isenções heterônomas (PIH):** vedado à União instituir isenções de tributos da competência dos Estados, do DF ou dos Municípios.

- **Exceções ao PIH:** ICMS e ISS (ambos na exportação), bem como tratados internacionais. #detalhe

• **Imunidades (I):** são previstas diretamente na CF; já a **isenção** é prevista em lei. Muitas vezes a CF diz "é isento", mas é imunidade. **#naoconfunda**

• **I. Recíproca:** vedado à União/Estados/Municípios instituir **IMPOSTOS** sobre patrimônio, renda ou serviços, uns dos outros.

- O art. 150, § 2°, da CF estende essa imunidade às **autarquias** e **fundações públicas** com relação a **patrimônio/renda/serviços** vinculados às suas **finalidades essenciais.**

  Atenção: essa imunidade aplica-se exclusivamente a **IMPOSTOS**; não impede a cobrança de taxas, contribuições e outros tributos. **#jahcaiu**

- **STF:** entende que **I. Recíproca** alcança **empresas públicas** e **sociedades economia mista** (pessoas jur. dir. privado) que prestam **serviços públicosobrigatórios de prestação exclusiva do Estado#ficaadica**

• **I. religiosa/partidos políticos/sindicados de trabalhadores/ entidades educacionais e assistenciais sem fins lucrativos:** da mesma forma, só p/ **IMPOSTOS.**

- Imuniza patrimônio/renda/serviços vinculados à **finalidade essencial** das entidades. **#prontofalei**

- Ainda que alugado, é imune ao IPTU o imóvel dessas entidades quando o **valor do aluguel é aplicado nas suas atividades essenciais** (STF, Sum 724). **#STFsumulou**

• Nova imunidade: p/ **IMPOSTOS** sobre fonogramas e videofonogramas (ex.: CD e DVD) de autores brasileiros e/ou obras em geral interpretadas por artistas brasileiros produzidos no Brasil (art. 150, VI, e, da CF). **#ficaadica**

• A **imunidade cultural** (art. 150, VI, d, da CF) **abrange filmes e papéis fotográficos necessários à publicação de jornais e periódicos**" (STF, Sum 657). **#STFsumulou**

• Outras Imunidades: (I) **cultural** -> /livro/jornais/papel; (II) **cont. sociais** e **inter. dom. econômico** -> exportação; (III) **contr. segurid. Social** -> entid. benef.; (IV) **IPI/ICMS** -> exportação.

***Competência tributária* (CT)**

- É o poder atribuído aos entes federativos para instituir e dispor sobre tributos – é indelegável.
  - Não confundir **CT** c/ **capacidade tributária ativa (CTA)**, que pode ser delegada. A **CTA** é a atribuição administrativa p/ arrecadar/fiscalizar/executar leis, serviços, atos/decisões administrativas **(delegável). #naoconfunda**
  - A CF divide a **CT** em: privativa (p/impostos), cumulativa (p/DF), comum (ex: taxas), residual (só p/União) e extraordinária (só p/União).
  - **Parafiscalidade: delegação** da **CTA** a ente diverso daquele competente para instituir o tributo, atribuindo-lhe a disponibilidade dos recursos. **#detalhe**
  - **Bitributação:** ocorre quando **entes tributantes diversos** exigem do mesmo contribuinte tributos relacionados ao **mesmo fato gerador.**
  - ***Bis in idem*:** o **mesmo ente tributante** exige do **mesmo** contribuinte mais de um tributo sobre o **mesmo fato gerador. #naoconfunda**

***Legislação Tributária* (LT)**

- Conjunto de normas jurídicas que instituem ou dispõe sobre tributos e suas relações correlatas. São elas: os dispositivos constitucionais, leis, tratados e convenções internacionais, decretos e normas complementares.
- Normas complementares são: atos normativos, práticas administrativas, decisões com eficácia normativas e convênios.

- Lei complementar cabe dispor: conflitos de competência, limitação ao poder de tributar; normas gerais legislação tributária. #macetao
- Só por lei: instituição/extinção/aumento/redução; fato gerador/alíquotas/base de cálculo/penalidades; suspensão/extinção/exclusão/dispensa de tributos. #detalhe
- Interpreta-se literalmente a LT sobre: suspensão/exclusão do crédito tributário; outorga de isenção; e dispensa de obrigações acessórias.
- Interpretação benigna somente em caso de dúvida na interpretação da legislação tributária sobre infrações e penalidades.
- *Pecunia non olet*: o fato gerador deve ser interpretado abstraindo-se a validade jurídica dos atos praticados e de seus efeitos.
- Em caso de lacuna, aplicam-se, sucessivamente: Analogia; Prin. Gerais de Dir. Trib.; Prin. Gerais de Dir. Público; e, por fim, Equidade.
- **Analogia: não** poderá resultar na exigência de tributo não previsto. **#jahcaiu**
- **Equidade: não** poderá resultar na dispensa do pagamento de tributo.

Obrigação Tributária

- É a relação jurídica entre o sujeito ativo (credor) e o passivo (devedor) consistente em um dever de dar, fazer ou não fazer. Como todas as obrigações, é formada por três elementos: sujeito, objeto e vínculo jurídico. **#prontofalei**

- **Sujeitos: ativo** (credor – Estado) e passivo (devedor – contribuinte ou responsável).
- **Objeto:** prestação de dar (dinheiro), fazer (ex: entrega declaração) ou não fazer (ex: permitir fiscalização).
- **Vínculo jurídico:** lei que institui o tributo ou a obrigação correlata.

• **Obrigação tributária (OT)** pode ser principal ou acessória.

- **OT principal:** surge com a **ocorrência do fato gerador** referente ao tributo ou penalidade (multa). Até mesmo os juros têm natureza de obrigação tributária principal. É sempre um dar dinheiro ao Fisco.
- **OT Acessória:** decorre da legislação tributária, são **instrumentais** (fazer/não fazer) diversas de pagar (ex: entrega de declaração).
- A obrigação acessória, pela sua inobservância, converte-se em obrigação principal relativamente à penalidade pecuniária (pagar multa). **#detalhe**
- No D. Trib., diferente do Civil, **pode existir obrigação acessória sem obrigação principal** (ex: obrigação escriturar livros p/ entes imunes). **#naoconfunda**
- Fato gerador da **obrigação principal**: situação definida em **lei** como necessária e suficiente à sua ocorrência.
- Fato gerador da **obrigação acessória**: situação, segundo a **legislação**, que impõe a prática ou abstenção de ato.
- Ocorrendo o fato gerador surge **automaticamente** a obrigação tributária (obrigação de recolher o tributo ou penalidade) **#detalhe**

- **Contratos entre particulares:** salvo lei em contrário, relativos à responsabilidade tributária, **não podem ser opostos ao Fisco. #jahcaiu**
- **Solidariedade:** pessoas que tenham **interesse comum** no fato gerador da obrigação principal e as expressamente **designadas na lei. Não** há benefício de ordem.
- **Norma Geral Antielisão:** o Fisco pode **desconsiderar** atos e negócios praticados com finalidade de **dissimular** a ocorrência do **fato gerador**.
- **Domicílio tributário:** a regra é a eleição pelo sujeito passivo; se não o fizer, valem as regras supletivas do art. 127 do CTN. **#macetao**
- Presume-se dissolvida irregularmente empresa que deixar de funcionar no seu domicílio, legitimando **redirecionar** a **execução** ao **sócio-gerente.** (STJ, Sum 435). **#STJsumulou**

Responsabilidade Tributária (RT)

- O sujeito passivo da obrigação tributária pode ser **contribuinte** ou **responsável.**
  - Contribuinte: possui relação pessoal e direta com o fato gerador.
  - Responsável: sua obrigação decorre da lei – ele é vinculado ao fato gerador, mas não de forma pessoal e direta.
- O responsável é um terceiro não contribuinte que é obrigado expressamente pela lei ao pagamento do tributo ou cumprimento da obrigação.
- O **CTN** divide as hipóteses de responsabilidade tributária em: (I) de **sucessores;** (II) de **terceiros**; e (III) por **infrações.**

- Já a **doutrina** as divide em: (I) **por transferência** (ex: adquirentes de bens imóveis); e (II) **por substituição** (ex: subst. trib. progressiva).
- O adquirente de imóvel é responsável pelos tributos que recaem sobre bem, salvo prova da quitação dos tributos no título ou arrematação. **#jahcaiu**
- O adquirente de **fundo de comércio/estabelecimento comercial** que **continuar a respectiva exploração** será responsável **pelos tributos. Integralmente** se o alienante (vendedor) cessar a exploração. **Subsidiariamente** se o alienante (vendedor) prosseguir na exploração ou iniciar dentro de 6 meses nova atividade comercial. **#jahcaiu**
- O inadimplemento da obrigação tributária pela sociedade **não** gera, por si só, responsabilidade solidária do sócio-gerente (STJ, Sum 430). **#STJsumulou**
- Em D. Trib. a regra é que a resp. por infrações **independe da intenção do agente**, da efetividade ou extensão dos efeitos do ato (resp. objetiva). **#detalhe**
- **Denúncia espontânea:** afasta responsabilidade com relação **à infração** (multa), devendo o sujeito passivo recolher o tributo e juros.

\- Não se considera espontânea a denúncia após o **início** de qualquer procedimento administrativo de **fiscalização** (ex: notificação). **#jahcaiu**

Crédito Tributário (CT)

- É o vínculo jurídico obrigacional que liga o **sujeito ativo** (Estado) ao **sujeito passivo** (particular) pelo qual se **exige** o **pagamento** do **tributo** ou **penalidade.**

- Com a constituição do crédito, a obrigação tributária surgida com o fato gerador se torna **liquida, certa** e **exigível** na data do vencimento.
- **Lançamento:** procedimento administrativo que objetiva verificar ocorrência do fato gerador e constituir crédito tributário (declara e constitui o **CT**).
- Aplica-se ao lançamento a lei vigente à época do fato gerador, **salvo** se se tratar de critérios de apuração ou fiscalização, ou de maiores garantias ao crédito.
- O lançamento **não** é a única forma de constituição do crédito tributário; outra forma bastante comum é a **entrega de declarações** (ex: DCTF);

  Modalidades de lançamento:

  - lançamento de **ofício** (ex: auto de infração, IPVA e IPTU);
  - lançamento por **declaração** (ex: ITCD e ITBI);
  - lançamento por **homologação** (ex: IR, ITR, II, IE, IOF, ICMS, ISS e IPI).
- Na constituição do crédito tributário aplica-se a lei em vigor na data da ocorrência do fato gerador. Caso a obrigação se refira a penalidade pecuniária, aplica-se a lei mais favorável vigente entre a ocorrência do fato gerador e o lançamento. **#detalhe**
- Se o valor tributário estiver em moeda estrangeira utiliza-se, para a conversão, o **câmbio do dia da ocorrência do fato gerador.**

Suspensão, Extinção e Exclusão do Crédito Tributário (CT)

- As causas de suspensão, extinção e exclusão do CT estão previstas nos arts. 151, 156 e 175 do CTN – para o CTN o rol é taxativo , mas para o STF há possibilidade dos estados e municípios disporem sobre novas formas (ADI 2405) **#STFdicidiu**
  - Essas causas estão submetidas à **reserva legal**, isto é, devem ser disciplinadas por lei em sentido estrito (art. 97 do CTN). **#detalhe**
- **Isenção** e **anistia** são as **únicas** hipóteses de **exclusão** do crédito tributário.
- As hipóteses de **suspensão** e **extinção** decorrem **da lógica: #macetao**

TABELA SALVADORA!!!	
Pagamento	EXTINÇÃO
Parcelamento	SUSPENSÃO
Remissão (perdão)	EXTINÇÃO
Liminar mandado de segurança ou outra ação (decisão não definitiva)	SUSPENSÃO
Depósito do montante integral (somente o depósito)	SUSPENSÃO
Conversão do depósito em renda	EXTINÇÃO
Compensação (encontro de dívidas)	EXTINÇÃO

TABELA SALVADORA!!!	
Moratória (alargamento do prazo)	SUSPENSÃO
Reclamações/recursos administrativos.	SUSPENSÃO

- É inconstitucional a exigência de depósito ou arrolamento prévios de dinheiro ou bens para admissibilidade de recurso administrativo (STF, S. Vincul. 21). **#STFsumulou**
- A existência de causa suspensiva **não dispensa o cumprimento das obrigações assessórias** relativas ao **crédito suspenso.**
- A imposição de penalidade não dispensa o pagamento integral do crédito tributário. O pagamento de um crédito **não importa em presunção** de pagamento das demais prestações.
- **Pagamento indevido:** prazo p/ pedir restituição é **cinco anos** da extinção do crédito, da decisão administrativa definitiva ou judicial transt. julgado. Já o prazo p/ **ação anulatória da decisão administrativa que negar a restituição** é **dois anos.**
- Só se fala em **decadência** antes da constituição definitiva do crédito tributário: perda do direito do Fisco de constituir o crédito tributário pelo lançamento.

– Após a constituição definitiva, só se fala em **prescrição:** perda do direito do Estado de promover a ação executiva fiscal. **#ficaadica**

- **Decadência,** regra geral: **cinco anos** contados do **primeiro dia** do **exercício seguinte** àquele em que o lançamento poderia ter sido efetuado.

- **Antecipação da contagem:** caso o sujeito passivo seja notificado de algum ato tendente a lançar, o prazo de cinco anos será contado da data da notificação.
- **Lançamento por homologação: se a lei não fixar outro prazo,** será de **cinco anos** o prazo de **decadência** a contar da **ocorrência do fato gerador. #jahcaiu**
- A entrega de declaração pelo contribuinte reconhecendo o débito fiscal constitui o crédito tributário, dispensada qualquer atividade do Fisco. **#STJsumulou**

- **Prescrição:** a ação para a cobrança do crédito tributário prescreve em **cinco anos,** contados da data da sua **constituição definitiva. Interrupção da prescrição:** (I) despacho citação; (II) protesto judicial; (III) ato judicial constitua mora; (IV) ato inequívoco de reconhecimento do débito.
- A **isenção** exclui o próprio crédito relativo ao **tributo.** Isenções tributárias concedidas sob condições onerosas **não** podem ser livremente suprimidas. **#STJsumulou**
- A **anistia** exclui o crédito relativo à **penalidade pecuniária,** permanecendo a obrigação de recolher o tributo.

Outros temas

- O devedor responde pelo crédito tributário com todos os seus bens e rendas, **salvo** os que a **lei** declare **absolutamente impenhoráveis.**
- O crédito tributário (regra geral) prefere a qualquer outro, ressalvados os créditos decorrentes da **legislação do trabalho** ou de **acidente de trabalho.**

- Na **falência**, o crédito tributário vem **depois** dos créditos com garantia real até o limite da garantia. **#naoconfunda**
- A **Dívida Ativa (DA)** regularmente **inscrita** goza da **presunção** (relativa) de **certeza** e **liquidez.**
- Com a inscrição em **Dívida Ativa**, o crédito tributário torna-se **exequível** (possibilidade de o Estado promover a execução fiscal).
- Prazo p/embargos à execução fiscal é trinta dias contados do: depósito; juntada da prova fiança bancaria/seguro garantia; ou intimação penhora.
- Informações **não** abrangidas por sigilo fiscal: (I) representações fiscais fins penais; (II) inscrições em **DA**; (III) parcelamento e moratória.
- É constitucional a adoção, no cálculo da TAXA, de elementos da base de cálculo de determinado imposto, desde que não haja integral identidade. **#STFsumulou**
- É inconstitucional a incidência do ISS sobre locação de bens móveis. (STF, S. Vincul. 31) **#STFsumulou**
- O ICMS não incide sobre alienação de salvados de sinistro pelas seguradoras. (STF, S. Vincul. 32) **#STFsumulou**
- Incide ISS nos medicamentos encomendados e ICMS nos de prateleira vendidos pelas farmácias de manipulação **#STFdicidiu**
- Não incide imposto de renda sobre a indenização por danos morais. **#STJsumulou**
- O ouro quando definido em lei como ativo financeiro ou instrumento cambial se sujeita exclusivamente à incidência do IOF (CF, art. 155, §5°).

- O concurso de preferências entre as pessoas jurídicas de direito público previsto no art. 187 do CTN não foi recepcionado pela CF (ADPF 357). **#STFdicidiu**
- É constitucional protesto de certidões de dívida ativa sendo mecanismo legítimo de cobrança (ADI 5153-DF). **#STFdicidiu**
- Nos exames da Ordem, a maioria das questões de Dir. Trib. foram retiradas do "texto seco" da Constituição e do CTN. **#macetao**

DIREITO AMBIENTAL

Lucas Pavione

Princípios

- **Desenvolvimento sustentável**: a utilização de recursos naturais deve-se dar de modo racional, sem comprometer a qualidade do meio ambiente, o equilíbrio ecológico e garantindo-se sua disponibilidade permanente para as presentes e futuras gerações.
- **Função socioambiental da propriedade**: é proibido o uso abusivo da propriedade. Pode ser exigido que a mesma se adeque à preservação do meio ambiente.
- **Prevenção**: sendo possível prever que certa atividade causará um dano, deve ela ser evitada.
- **Precaução: não há informações** ou existem **incertezas científicas** sobre a potencialidade dos danos de uma intervenção no meio ambiente.
- Na dúvida se adota uma **postura mais conservadora**, a favor da preservação do meio ambiente (*in dubio pro ambiente*). **#prontofalei**
- Tem-se adotado a **inversão do ônus da prova** na **precaução**: o interessado deverá comprovar que sua intervenção não trará prejuízos. **#aplicacaopratica**

> Não se esqueça: **prevenção** -> dano **certo** e de consequências **conhecidas; precaução** -> dano **incerto** e de consequências **desconhecidas. #naoconfunda**

- **Poluidor-Pagador:** quem causa degradação ao meio ambiente deve arcar c/ as despesas de **prevenção, reparação** e **repressão** dos prejuízos causados.
- Não significa que quem pagou pode poluir. Não cometa esse erro! **#prontofalei**
- **Usuário-Pagador:** os recursos naturais são escassos e possuem valoração econômica, admitindo, portanto, a cobrança pela sua utilização.
- **Limite:** a Administração Pública fixa padrões de qualidade ambiental e fiscaliza sua execução (poder de polícia).
- **Informação Ambiental:** informações ligadas ao meio ambiente em regra devem ser tornadas públicas de maneira bem ampla.
- Tem exceção? **Sim**: informações ligadas **à segurança da sociedade e do Estado** e **segredo industrial. #detalhe**
- **Participação Comunitária:** ocorre c/ medidas: a) **administrativas** (audiências públicas etc.); b) **judiciais** (ação popular etc.); c) **legislativas** (plebiscito etc.).
- **Educação Ambiental**: a) deve existir em todos os níveis de ensino; b) poder público deverá promover a conscientização da população. **#jahcaiu**
- **Cooperação**: Todos devem cooperar na preservação do meio ambiente, no âmbito **internacional** e **nacional.**

Meio Ambiente e a CF/88

- O **meio ambiente** se divide em **natural** (art. 225), **cultural** (art. 215 e 216), **artificial** (art. 182 e 183) e **laboral** (art. 7.°, XXII, 200, VIII).

- **MA cultural** – Medidas protetivas: a) **inventários;** b) **registros;** c) **vigilância;** d) **tombamento;** e) **desapropriação;** f) **outras formas de proteção. #jahcaiu**
- **MA natural** engloba elementos **bióticos** (que tem vida – fauna e flora) e **abióticos** (que não tem vida – recursos hídricos, a atmosfera etc.).
- A garantia do meio ambiente ecologicamente equilibrado a todos (Art. 225) representa um direito subjetivo oponível *erga omnes*.
- **#Quiz:** Quais são as microrregiões consideradas patrimônio nacional? R: A **Floresta Amazônica brasileira**, a **Mata Atlântica**, a **Serra do Mar**, o **Pantanal Mato-Grossense** e a **Zona Costeira.**
- Atenção: são consideradas patrimônio nacional na CF apenas as microrregiões anteriores! É bom decorá-las. **#jahcaiu**
- Tem que ir pra prova com o **art. 225** da CF **DECORADO**. Vai cair! Se der tempo, é recomendável uma lida no 216, 182, 183, 7.°, XXII e 200, VIII. **#ficaadica**
- Competência em matéria ambiental é recorrente no exame da OAB. Vamos organizar o tema?
- No Brasil prevalece o **federalismo cooperativo** (todos os entes possuem competência para legislar sobre MA e atuar em sua proteção).
- Compete privativamente à União legislar sobre águas, **energia, jazidas, minas, outros recursos minerais, metalurgia,** índios e **atividades nucleares.**

- **Privativa:** o que é da União, ninguém mete a mão! **Exceto:** se LC autorizar **Estados** e **DF** (Municípios não!) a legislarem em **questões específicas.**
- As águas superficiais ou subterrâneas, fluentes, emergentes e em depósito são bens dos Estados (regra – art. 26, I da CF), mas obedecerão às normas da União. **#naoconfunda**
- A competência legislativa dos Estados e DF pode ser **exclusiva** (art. 25, §§ 2.º e 3.º), **suplementar** (art. 24, § 2.º) e **remanescente** (art. 25, § 1.º).
- **Exclusiva:** exploração e concessão de serviço de **gás canalizado** e instituir **regiões metropolitanas, aglomerações urbanas** e **microrregiões.**
- É exclusiva porque afasta a atuação dos outros entes, sem possibilidade de delegação! **#detalhe**
- **Suplementar:** Estados podem **complementar** a legislação ambiental já existente.
- **Remanescente:** se a CF não proíbe ou atribui a outro ente, o Estado pode legislar.
- Há também a **competência legislativa concorrente da União, Estados e DF:** Direito urbanístico, elementos bióticos e abióticos, MA cultural e responsabilidade por dano ao MA.
- Na competência concorrente a União cria normas gerais e os demais, sem contrariar, seguem com suas leis.
- Se a União não legislar os Estados e DF poderão editar suas normas, que serão suspensas no que forem incompatíveis com lei federal posterior.

- Os Municípios poderão legislar em **assuntos de interesse local** e **suplementar a legislação da União e Estados. #prontofalei**
- Tem ainda a **competência material** que é a possibilidade de **fiscalizar** e **impor sanções**. É só lembrar do **poder de polícia ambiental.**
- A União tem matérias de competência material exclusiva nos temas de **interesse nacional.**
- É bom atentar para a LC 140/11. Na divisão das competências observou-se a **predominância do interesse ambiental** envolvido.

Política Nacional do Meio Ambiente

- A **Política Nacional de Meio Ambiente (PNMA)** é sistematizada pela **Lei 6.938/81** (LPNMA).
- A **PNMA** tem por principal objetivo conciliar a preservação do meio ambiente e do equilíbrio ecológico com o desenvolvimento da sociedade.
- **Sistema Nacional de MA (SISNAMA):** conjunto de órgãos e entidades **federais, estaduais** e **municipais** responsáveis pela proteção e melhoria da qualidade ambiental.
- E como é composto o SISNAMA? Veja o quadrinho abaixo, que muito vai te ajudar a lembrar **#nahoradaprova**! **#jahcaiu**

TABELA SALVADORA!!!	
Órgão superior	**Conselho do Governo**
Órgão consultivo e deliberativo	CONAMA
Órgão central	Ministério do Meio Ambiente
Órgãos executores	IBAMA e ICMBio
Órgãos seccionais	Órgãos ambientais estaduais
Órgão local	Órgão ambiental municipal

- **Avaliação de Impactos Ambientais (AIA):** será obrigatória para os empreendimentos causadores de modificações no MA e ajudará no licenciamento.
- A principal espécie de AIA e mais cobrada no exame da OAB é o **Estudo Prévio de Impacto Ambiental (EIA/RIMA)**.
- **#Quiz**: quando o **EIA/RIMA** é obrigatório? R: em **obra** ou **atividade** causadora de **significativa degradação ambiental. #aplicacaopratica**
- Se houver dúvida quanto à necessidade do EIA/RIMA, o mesmo deverá ser feito (*in dubio pro ambiente*). **#prontofalei**
- **Audiência Pública**: a) quando o órgão ambiental quiser; b) a pedido de entidade civil; c) a pedido de 50 ou > cidadãos; d) a pedido do MP. **#detalhe**
- O EIA/RIMA pode ser uma das etapas do **licenciamento ambiental**, mas nem todo licenciamento exige EIA/RIMA. **#naoconfunda**

- É por meio do **licenciamento** que o particular obtém o consentimento do Poder Público para a utilização de determinado recurso natural
- Em quais situações? R: atividades **efetiva ou potencialmente poluidoras** e nas que possam causar **degradação ambiental**
- O licenciamento pode resultar na concessão de uma **licença**. As mais comuns são as **licenças prévia**, de **instalação** e de **operação.**
- Todos têm garantia da prestação de informações relativas ao MA, obrigando-se o Poder Público a produzi-las quando inexistentes.
- TODOS mesmo têm o direito, não precisa ser cidadão! Até mesmo empresa estrangeira pode solicitar. **#jahcaiu**

Espaços Territoriais Especialmente Protegidos (ETEP)

- São os espaços geográficos, públicos ou privados, dotados de **consideráveis atributos ambientais** que por isso merecem proteção.
- Os principais ETEP são áreas de preservação permanente **(APP)**, **reserva legal (RL)** e **unidades de conservação (UC)**.
- Ah, é bom não se esquecer do **Bioma Mata Atlântica** e da **reserva de biosfera. #jahcaiu**
- **APP:** área protegida, coberta ou não por vegetação nativa; objetivo: preservar recursos hídricos, paisagem, estabilidade geológica e a biodiversidade, facilitar o fluxo gênico de fauna e flora, proteger o solo e assegurar o bem-estar das populações humanas.

- **Supressão de Vegetação em APP:** isso pode, mas só com **autorização** e em caso de **utilidade pública, interesse social** ou de **baixo impacto ambiental.**
- É diferente de **supressão da área de preservação permanente.** Isso **SÓ** pode ocorrer por meio de lei (art. 225, § 1.º, III da CF). **#naoconfunda**
- **RL** fica em propriedade ou posse **rural. RL** e **APP** são **obrigações *propter rem*** (que se transmitem c/ o bem) e **limitações** ao direito de propriedade.

#musiquinha – "O cravo brigou com a rosa"

O Caio comprou uma roça
Sem ter mata ciliar
O Caio nem desmatôôu
Mas tem que reflorestar

- As **UC** federais, estaduais e municipais compõem o **Sistema Nacional de Unidades de Conservação (SNUC),** regulado pela Lei 9.985/00 (**LSNUC**).
- As UC subdividem-se em **Unidades de Proteção Integral (UPI)** e **Unidades de Uso Sustentável (UUS)**
- As **UPI** devem ficar **livres de alterações causadas por interferência humana,** admitido apenas o **uso indireto** dos recursos naturais.
- Subdividem-se em **Estação Ecológica, Reserva Biológica, Parque Nacional, Monumento Natural** e **Refúgio da Vida Silvestre.**

- Nas **UUS** pode existir uso sustentável dos recursos ambientais disponíveis. Mas, afinal, quais áreas são consideradas **USS**? **#quiz**
- R: Área de proteção integral, área de relevante interesse ecológico, floresta nacional, reserva extrativista, reserva de fauna, reserva de desenvolvimento sustentável, reserva particular do patrimônio nacional.
- (...) reserva de fauna, reserva de desenvolvimento sustentável, reserva particular do patrimônio nacional.
- Tente memorizar as UPI, que são em menor número. **#nahoradaprova** fica mais fácil lembrar. **#ficaadica**
- **"MO**nge **NA**turista, q **REF**lete **VI**da **SI**mples, **EST**uda **ECO**logia **PA**ra **NA**rrar **RES**peito aos **Bi**chos". Visualizou as primeiras letras das UPI? **#macetao**
- **Reserva de Biosfera:** modelo criado pela UNESCO, uma espécie de **UC ambiental mundial**. No Brasil: Pantanal, Cerrado, Mata Atlântica etc.

Responsabilidade por Dano Ambiental

- O infrator/poluidor poderá sofrer isolada ou concomitantemente **sanções administrativas, penais** e **civis.**
- Em regra, a responsabilidade administrativa é **objetiva, exceto** na **multa simples** que será **subjetiva. #detalhe**
- Prescreve em **cinco anos**, contados do término do processo administrativo, a pretensão de executar multa por infração ambiental. **#STJsumulou**
- A responsabilidade civil por danos ao meio ambiente é **objetiva**, na modalidade **risco integral.**

- A reparação será **integral** e ***in natura***. Se não for possível, **indenização em dinheiro.** Também pode cumular (in natura + $$). A **ação** é **imprescritível.**
- A inversão do ônus da prova aplica-se às ações de degradação ambiental. **#STJsumulou**
- Responsabilidade penal é **subjetiva. #naoconfunda**
- Responsabilidade penal de **pessoa jurídica**, isso pode Arnaldo? Pode sim Galvão, a regra é clara, mas as penas são **multa, restritivas de direito** e **prestação de serviços à comunidade.**
- Grafitagem com propósito artístico não é crime. Mas tem que ter autorização do dono ou possuidor.

DIREITO PENAL

Galvão Rabelo

Teoria da lei penal

- Princípio da legalidade = lei estrita + lei escrita + lei prévia + lei taxativa.
- O princípio da legalidade (lei prévia) impede a retroatividade da lei prejudicial, mas admite a retroatividade da lei benéfica.
- Conflito de leis no tempo: regra da *extra-atividade benéfica*.
- Extra-atividade = ultra-atividade + retroatividade.
- Fato praticado na vigência da Lei nº 1, substituída depois pela Lei nº 2 (menos benéfica): a lei nº 1 é ultra-ativa e rege o caso. **#aplicacaopratica**
- Fato praticado na vigência da Lei nº 1, substituída depois pela Lei nº 2 (mais benéfica): a lei nº 2 é retroativa e rege o caso. **#aplicacaopratica**
- Combinação de leis penais: a combinação de dispositivos benéficos de uma lei com dispositivos benéficos de outra não tem sido admitida. **#STFsumulou**
- Leis temporárias e excepcionais regem os fatos ocorridos em sua vigência mesmo quando sua extinção resultar em situação jur. + benéfica. **#jahcaiu**

> Tempo e lugar do crime é **LUTA**! **#macetao**
> **L**ugar do crime = teoria da **U**biquidade
> **T**empo do crime = teoria da **A**tividade.

- Teoria da ubiquidade: o lugar do crime é tanto o local da conduta (total ou parcial), quanto o local do resultado (realizado ou planejado).
- Teoria da atividade: o crime se realiza no momento da conduta (ação/omissão), ainda que o resultado só ocorra depois.
- Crime permanente/continuado: se lei pior for editada durante a permanência ou a continuidade ela deve ser aplicada ao caso. **#STFsumulou**
- Princípio da territorialidade: a lei brasileira aplica-se aos crimes cometidos no território nacional.
- Crime cometido em navio/avião brasileiro público (ou a serviço do governo) considera-se ocorrido no Brasil não importando sua localização. **#jahcaiu**
- Crime cometido em navio/avião brasileiro comercial/privado considera-se ocorrido no Brasil quando situado em alto mar ou no espaço aéreo acima dele.
- A lei brasileira também se aplica a crimes cometidos no exterior nas hipóteses de extraterritorialidade.

Teoria do crime

- Conceito analítico (tripartido) de crime: crime é o fato típico, antijurídico e culpável.

- Não há ação nos: a) atos reflexos, b) estados de inconsciência e c) coação física irresistível.
- Nos crimes de resultado naturalístico, a ação deve ser causa do resultado (nexo de causalidade).
- Causa é toda condição sem a qual o resultado não teria ocorrido do modo como ocorreu (teoria da *conditio sine qua non*).
- Quando houver mais de uma causa concorrendo para a produção do resultado (*concausas*), deve-se observar:

Classificação da causa	Conceito	Solução jurídico-penal
Causa Absolutamente Independente (**CAI**) em relação à conduta do agente	*É a causa capaz de produzir sozinha o resultado, isto é, sem a intervenção da conduta do agente.*	A causa absolutamente independente produz sozinha o resultado e exclui o nexo de causalidade entre a conduta do agente e o resultado (o agente não responde pelo resultado).
Causa Relativamente Independente (**CRI**) em relação à conduta do agente	*É a causa que só produz o resultado quando conjugada (associada) com a conduta do agente.*	Em regra, o agente responde pelo resultado (não exclui o nexo de causalidade). Mas o resultado não é imputado ao agente quando sobrevém uma causa posterior à sua conduta que "por si só" produz o resultado.

- CAI: "A" envenena a vítima, que morre em virtude de um desabamento: "A" responde por tentativa de homicídio. **#aplicacaopratica**
- CRI: "A" corta um hemofílico com um estilete, provocando-lhe a morte: "A" responde por homicídio se hemofilia era conhecida/previsível. **#aplicacaopratica**
- CRI: "A" lesiona gravemente a vítima. No trajeto do hospital, a vítima é atingida por uma bala perdida e morre: "A" não responde pela morte. **#aplicacaopratica**
- A responsabilidade penal é subjetiva: o agente só responde penalmente se sua conduta (ação ou omissão) for dolosa ou culposa. **#detalhe**
- Dolo = elemento cognitivo (representação/previsão) + elemento volitivo (vontade).
- Dolo direto: consciência/representação dos elementos do tipo (conduta, nexo causal e resultado) e vontade de realizá-los.
- Dolo eventual: consciência/representação dos elementos do tipo (conduta, nexo e resultado) e aceitação do risco de produzi-los.
- Culpa inconsciente: o agente não prevê o resultado (que era previsível) e o produz ao agir de forma imprudente, negligente ou imperita.
- Culpa consciente: o agente prevê o resultado que sua conduta poderia causar, mas acredita que ele não irá ocorrer.

Dolo eventual	Culpa consciente
O agente imagina que sua conduta pode produzir o resultado	O agente também imagina que sua conduta pode produzir o resultado
O agente não se importa com a ocorrência do resultado (despreza o bem jurídico protegido)	O agente não aceita a possibilidade do resultado; acredita que ele não ocorrerá

- Erro de tipo essencial: o agente se engana em relação a alguma situação fática que está descrita como elemento do tipo penal. **#jahcaiu**
- "A" pega, por engano, o celular de "B", acreditando ser o seu. Não há dolo de furto, por faltar consciência de que a coisa era "alheia". **#aplicacaopratica**

Erro de tipo inevitável	Erro de tipo evitável
Exclui o dolo + a culpa	exclui o dolo, mas não a culpa (se o crime em questão admitir a modalidade culposa).

- Erro de tipo evitável na lesão corporal: responde por lesão culposa; erro evitável no furto: não responde, pois não há furto culposo. **#aplicacaopratica**
- Erro de tipo permissivo: o agente acredita, erroneamente, estar diante de situação fática capaz de excluir a ilicitude. Ex: legítima def. putativa.

- "A" ouve um falso alarme de incêndio no cinema e lesiona "B" ao tentar sair. Age em estado de necessidade putativo. **#aplicacaopratica**
- Erro de tipo permissivo inevitável: exclui o dolo e a culpa.
- Erro de tipo permissivo evitável: exclui o dolo, mas não a culpa. Há crime, se o tipo penal admitir a modalidade culposa. **#jahcaiu**
- Erro quanto a pessoa: o agente se engana em relação à identidade da pessoa que pretendia vitimar.
- Ex: "A" imagina que um assaltante tenta invadir sua casa e atira em sua direção, matando sua irmã que queria lhe fazer uma surpresa.
- Nesse caso, consideram-se as características da vítima que o agente pretendia atingir (vítima virtual) e não as da vítima atingida. **#jahcaiu**
- *Aberratio ictus* (erro na execução): o agente erra no golpe ou no disparo e atinge pessoa diversa da que pretendia. **#jahcaiu**
- *Aberratio ictus*: vale a regra do erro quanto à pessoa – consideram-se as características da vítima virtual e não da vítima de fato atingida. **#jahcaiu**
- Se, na *aberratio ictus*, o agente, além de atingir um terceiro, atinge também a pessoa que queria: responde por 2 crimes em conc. formal.
- *Aberratio criminis*: por erro na execução do crime, o agente atinge bem jurídico diverso do que pretendia (pratica crime diverso).

- Regra da *aberratio criminis*: o agente responde pelo crime diverso a título de culpa (se o tipo admitir a modalidade culposa). **#jahcaiu**
- "A" pretende acertar a vitrine de uma loja com uma pedra, mas erra e acerta uma pessoa. Responde por lesão corporal culposa. **#aplicacaopratica**
- Caso acertasse a vitrine + a pessoa: responderia por dano doloso e lesão culposa em concurso formal de crimes. **#aplicacaopratica**

#naoconfunda	
Aberratio ictus	***Aberratio criminis***
o agente atinge outra *pessoa*	o agente erra e atinge outro *bem jurídico* (pratica outro crime)

- Tentativa: o agente quer o resultado, *inicia a execução* do crime, mas o resultado não ocorre por circunstâncias alheias à sua vontade.
- Não há tentativa em: crimes culposos, preterdolosos, omissivos próprios, unissubsistentes, contravenções penais.
- Crime impossível (CI): caso em que o crime não pode se consumar, por ser impossível qualquer lesão ao bem jurídico tutelado. **#jahcaiu**
- O crime impossível afasta a tentativa. É causa de exclusão da tipicidade.

- CI por objeto absolutamente impróprio: não existe bem jurídico a ser protegido. Ex: tentativa de aborto sem gravidez. **#jahcaiu**
- CI por meio abs. ineficaz: o meio utilizado é totalmente incapaz de lesar o bem jurídico. Ex: falsificação grosseira de moeda.
- A desistência voluntária e o arrependimento eficaz também afastam a tentativa. O arrependimento posterior só reduz a pena:

Desistência voluntária	**Arrependimento eficaz**	**Arrependimento posterior**
Antes de encerrar a execução do crime, o agente desiste de continuar a praticá-lo. **#jahcaiu**	*Depois de encerrada a execução do crime*, o agente consegue impedir a ocorrência do resultado. **#jahcaiu**	Antes do recebimento da inicial acusatória pelo juiz, o agente repara os danos causados pelo crime ou restitui a coisa.
Não responde por tentativa, apenas pelos atos já praticados.	Não responde por tentativa, apenas pelos atos já praticados.	É causa de redução de pena (de 1/3 a 2/3).

- O arrependimento posterior não se aplica a crimes praticados com violência ou grave ameaça. **#jahcaiu**
- Crime omissivo próprio: o dever de agir decorre do próprio tipo penal omissivo.
- Crime omissivo impróprio/comissivo por omissão: o dever de agir decorre da norma que prevê a figura do garantidor.

- No crime omissivo impróprio, o resultado típico é atribuído ao garantidor que, podendo, deixa de agir para impedi-lo.
- As causas de justificação excluem a antijuridicidade, tornando lícita uma ação típica (excluem o 2º elemento do conceito de crime).
- São causas de justificação: legítima defesa, estado de necessidade, exercício regular de direito e estrito cumprimento do dever legal.
- Legítima defesa: o agente age, moderadamente, para defender a si ou a outrem de uma *injusta agressão* atual ou iminente.
- O agente de segurança pública que repele agressão/risco de agressão a vítima mantida refém durante o crime age em legítima defesa. **#alteracaorecente**
- Estado de necessidade: o agente age para salvar a si ou a outrem de *perigo atual* que não provocou voluntariamente.
- A culpabilidade é o juízo de reprovação que recai sobre a conduta ilícita (3º elemento do conceito de crime).

- Elementos da culpabilidade: **IPE #macetao**

Imputabilidade
Potencial consciência da ilicitude
Exigibilidade de conduta diversa.

- Dirimentes: são causas que excluem qualquer um dos elementos da culpabilidade.

- Inimputabilidade (hipóteses de exclusão da imputabilidade): menoridade, doença mental e embriaguez completa involuntária.
- Menor não pratica crime, mas ato infracional análogo a crime.
- Reconhecida a doença mental, o agente é *impropriamente absolvido*, sujeitando-se a imposição de medida de segurança. **#jahcaiu**
- A duração da medida de segurança não deve ultrapassar o limite máximo da pena abstratamente cominada ao delito praticado. **#STJsumulou**
- A embriaguez não afasta a culpabilidade, salvo quando completa e involuntária. Ex: tomar, sem saber, suco misturado com droga. **#jahcaiu**
- O erro de proibição inevitável exclui a potencial consciência da ilicitude do fato (2º elemento da culpabilidade).
- Erro de proibição: o agente tem consciência do fato que pratica, mas acredita, erroneamente, tratar-se de fato lícito. **#jahcaiu**
- O sapateiro que acredita estar *juridicamente* autorizado a vender o sapato de cliente que não volta para buscá-lo depois certo tempo. **#aplicacaopratica**

Erro de tipo	Erro de proibição
Por causa do erro em relação à situação fática, o agente nem imagina que está praticando um fato definido como crime.	O agente tem plena consciência da situação fática. Seu erro é achar que o fato é permitido pelo Direito, quando na realidade não é.

Erro de tipo	Erro de proibição
Afasta a *tipicidade* (afasta o dolo que é elemento do tipo)	Se inevitável afasta a *culpabilidade*; se evitável a diminui a reprovação/culpabilidade (de 1/6 a 1/3)

- A culpabilidade também é excluída quando não é possível exigir que o agente tivesse se comportado de modo diverso naquela circunstância.
- A coação moral irresistível e a obediência hierárquica são hipóteses de *inexigibilidade de conduta diversa.*
- Coação moral irresistível: o agente pratica um fato típico e ilícito por estar sob ameaça de mal injusto e grave (ameaça de morte, por ex.).
- Coação moral *resistível*: é apenas uma atenuante genérica.

> A coação *física* irresistível exclui a conduta (a tipicidade);
> A coação *moral* irresistível exclui a culpabilidade.
> **#naoconfunda**

- Obediência hierárquica: o agente atua em obediência a ordem não manifestamente ilegal de superior hierárquico.
- Concurso de pessoas: concorrentes do crime = autores + partícipes.
- Para a teoria formal objetiva, autor é aquele que realiza todos ou pelo menos uma parte dos elementos do tipo.

- O partícipe concorre para o crime instigando, induzindo ou auxiliando materialmente o autor.
- Já para a teoria do domínio do fato, o autor é aquele que dispõe sobre o "se" e o "como" do crime.
- A teoria do dom. do fato amplia as hipóteses de autoria. São autores: o autor executor + o autor intelectual +o autor mediato.
- Autor executor: é aquele que executa toda a conduta típica ou parte dela.
- Autor intelectual: é o que planeja a atividade sem participar da execução do crime.
- Autor mediato é aquele que utiliza, como instrumento para a prática do crime, alguém que age sem dolo ou sem culpabilidade.
- Em regra (teoria monista), autor e partícipe respondem pelo mesmo crime.
- Para que o partícipe responda pelo crime é necessário que sua contribuição tenha relevância causal e que haja liame subjetivo. **#jahcaiu**
- Liame subjetivo **não** é acordo prévio de vontades: basta o desejo do partícipe de participar da obra comum (mesmo que o autor não saiba). **#jahcaiu**
- Se um dos concorrentes quis participar de crime menos grave do que o crime ao final praticado, será punido pelo crime menos grave. **#jahcaiu**
- Teoria da acessoriedade limitada: o partícipe responde pelo crime se a ação do autor for, ao menos, típica e antijurídica.

- As circunstâncias/condições de caráter pessoal de um concorrente não se estendem aos outros, salvo se forem elementares do tipo. **#jahcaiu**

Teoria da sanção penal e da punibilidade

- O CP prevê as seguintes penas: pena privativa de liberdade (PPL), penas restritivas de direito (PRD) e multa.
- O tempo de cumprimento da PPL não pode ser superior a 40 anos. **#alteracaorecente**
- Dosimetria da PPL: critério trifásico.

FASE	O QUE CONSIDERAR?	A QUE PENA SE CHEGA?
1ª fase	Circunstâncias judiciais do art. 59	PENA BASE
2ª fase	Circunstâncias agravantes e atenuantes	PENA INTERMEDIÁRIA
3ª fase	Causas de aumento e de diminuição de pena	PENA DEFINITIVA

- Só na 3ª fase da dosimetria se admite que a pena ultrapasse os limites mínimo e máximo previstos no tipo penal. **#STJsumulou**
- Reincidência (agravante): o agente pratica novo crime após o *trânsito em julgado da condenação* por crime anterior. **#jahcaiu**

- Não é reincidente aquele que pratica novo crime após condenação definitiva por: crime militar próprio/crime político/contravenção. **#jahcaiu**
- O agente volta a ser primário (não reincidente) 5 anos depois do término do cumprimento da pena ou de sua extinção por outro motivo.
- No período de 5 anos é computado o tempo que o agente esteve em período de prova de *sursis* ou de livramento condicional. **#jahcaiu**
- A confissão utilizada para a formação do convencimento do julgador deve ser reconhecida como atenuante. **#STJsumulou**
- A PPL pode ser substituída por penas restritivas de direitos (PRD) quando estiverem satisfeitas as seguintes condições:

Condições para a substituição da PPL por PRD
A pena fixada deve ser de: i) até 4 anos para crimes dolosos; ii) qq quantidade de pena para crimes culposos;
O crime não pode ter sido praticado com violência ou grave ameaça à pessoa;
O réu não pode ser reincidente específico; no caso de reincidência genérica em crime doloso, a substituição pode ocorrer, se for socialmente recomendada;
As circunstâncias judiciais do art. 59 devem sinalizar que a substituição é suficiente.

> **ATENÇÃO!**
> A substituição da PPL por PRD não é admitida no caso de crime ou contravenção contra a mulher com violência ou grave ameaça no ambiente doméstico. **#STJSumulou**

- A multa será executada, prioritariamente, pelo MP, no juízo da execução penal e nos termos da LEP. **#ADI3150 #interpretacaoconforme #alteracaorecente #novoentendimentodoSTF**
- Mas se admite a execução subsidiária da multa pela Fazenda Pública, no juízo da execução fiscal, em caso de inércia do MP por mais de 90 dias. **#novoentendimentodoSTF**
- Livramento condicional (LC): presentes os requisitos, o condenado a pena = ou > 2 anos cumpre o restante da pena em liberdade (período de prova).
- Novo requisito para o LC: não ter cometido falta grave nos últimos 12 meses. **#alteracaorecente**
- O condenado a PPL pratica falta grave ao recusar a se submeter ao procedimento de identificação do perfil genético. **#alteracaorecente**
- A lei exige o cumprimento de 2/3 da pena para o livramento condicional no caso de crime hediondo ou equiparado.

> Crimes equiparados a hediondos pela Constituição:
> **TTT #macetao**
> Tráfico de drogas
> Terrorismo
> Tortura

- O preso não pode ficar em regime prisional mais gravoso por falta de vaga em estabelecimento adequado (Súm. vinculante 56). **#STFsumulou**

ATENÇÃO!

O pacote anticrime alterou o requisito objetivo (tempo de cumprimento de pena) para a **progressão de regime**:

1. Se o agente for **primário** e o **crime** for:
   - sem viol./grave ameaça: 16%
   - com viol./grave ameaça: 25%
   - hediondo/equiparado sem morte: 40%
   - hediondo/equiparado com morte: 50%
2. Se o agente for **reincidente** e o **crime** for:
   - sem viol./grave ameaça: 20%
   - com viol./grave ameaça: 30%
   - hediondo/equiparado sem morte: 60%
   - hediondo/equiparado com morte: 70%
3. Condenado pelo comando de ORCRIM estruturada para a prática de crimes hediondos/equiparados: 50%
4. Condenado por constituição de milícia privada: 50%. **#alteracaorecente**

- Concurso material de crimes: duas ou mais ações produzem dois ou mais crimes. Para cada ação um resultado.
- Concurso formal de crimes: uma só conduta produz dois ou mais crimes. 1 ação = 2 ou + crimes (resultados).
- Concurso formal próprio ou perfeito: quando não há intenção específica de realizar cada um dos resultados produzidos. **#jahcaiu**

- Concurso formal impróprio/imperfeito: quando, nos crimes dolosos, há *desígnios autônomos* de produzir cada um dos resultados. **#jahcaiu**
- Crime continuado: a lei determinada que, presentes os requisitos, os crimes subsequentes sejam vistos como continuação do primeiro. **#jahcaiu**

Critérios de aplicação de pena no concurso de crimes	
Cúmulo material	**Exasperação**
As penas de todos os crimes devem ser somadas	Aplica-se a pena do crime mais grave com uma causa de aumento
Ocorre no concurso material de crimes e no concurso formal impróprio/imperfeito	Ocorre no concurso formal próprio/perfeito e no crime continuado

- Cúmulo material benéfico: no conc. formal próprio, a pena que resulta da exasperação não pode ser pior que a soma das penas. **#jahcaiu**

Modalidades de Prescrição
Prescrição da pretensão punitiva propriamente dita
Prescrição da pretensão punitiva retroativa
Prescrição da pretensão punitiva superveniente ou intercorrente
Prescrição da pretensão executória

- Prescrição da pretensão punitiva (PPP): a prescrição recai sobre a pretensão de investigar, processar e obter uma condenação penal.
- Prescrição da pretensão executória (PPE): a prescrição incide sobre a pretensão de executar a pena já aplicada.

FATORES QUE ALTERAM O PRAZO PRESCRICIONAL

- **Reincidência:** aumenta o prazo em 1/3
- **Idade do réu** (< 21 anos na data do fato ou > 70 anos na data da sentença): reduz o prazo em ½. **#jahcaiu**

TABELA DE PRAZOS PRESCRICIONAIS #jahcaiu	
Pena prevista ou aplicada	**Prazo prescricional**
> 12 anos	20 anos
> 8 até 12 anos	16 anos
> 4 até 8 anos	12 anos
> 2 até 4 anos	8 anos
> ou = a 1 até 2 anos	4 anos
< 1 ano	3 anos

- PPP propriamente dita: considera a pena prevista na lei; verificar se houve prescrição nos intervalos entre os termos interruptivos.
- PPP retroativa: considera a pena aplicada; a prescrição pode ocorrer, em regra, entre o recebimento da denúncia e a publicação da condenação.

- PPP intercorrente: considera a pena aplicada; a presc. pode ocorrer, em regra, entre a publicação da condenação e o seu trânsito em julgado.
- PPE: considera a pena aplicada; a prescrição pode ocorrer entre o trânsito em julgado p/ acusação e o início da execução da pena (em regra). **#jahcaiu**
- Impede o início de ou suspende o curso da prescrição os embargos de declaração e os recursos nos tribunais superiores, quando inadmissíveis. **#alteracaorecente**
- A prescrição não corre enquanto não cumprido ou não rescindido o acordo de não persecução penal. **#alteracaorecente**

Crimes contra a pessoa

- Homicídio privilegiado: motivo moral ou socialmente relevante / violenta emoção provocada pela vítima. Causa de diminuição de pena.
- Homicídio qualificado: pelo motivo (fútil/torpe), pelo meio (fogo, veneno etc.), pelo modo (emboscada etc.) e pelo fim (ocultar crime etc.). **#jahcaiu**
- Em 2015, foram incluídas novas qualificadoras ao crime de homicídio: feminicídio e homicídio funcional.
- Feminicídio: homicídio praticado contra mulher em razão da condição do sexo feminino (violência doméstica/ discriminação de gênero).
- Homicídio funcional: homicídio contra agente de segurança pública em razão da função ou contra seus familiares em razão dessa condição.

- É também qualificado o homicídio praticado com emprego de arma de fogo de uso restrito ou proibido. **#Pacoteanticrime #derrubadadoveto**
- É admissível a figura do homicídio qualificado-privilegiado quando as qualificadoras possuem caráter objetivo (meios e modos).
- Se o homicídio é praticado por milícia privada ou por grupo de extermínio a pena é aumentada de 1/3 até 1/2.
- Majorantes (de 1/3 até ½) no feminicídio (1): crime praticado durante a gestação ou 3 meses após o parto.
- Majorantes feminicídio (2): vítima < 14 anos, > de 60 anos, deficiente ou portadora de doença degenerativa limitante/fragilizante. **#alteracaorecente**
- Majorantes feminicídio (3): crime praticado na presença (física ou virtual) de ascendente ou descendente da vítima. **#alteracaorecente**
- Majorantes feminicídio (4): crime praticado em descumprimento de medidas protetivas de urgência da Lei Maria da Penha. **#alteracaorecente**
- Homicídio só é crime hediondo quando *qualificado* ou praticado em *atividade típica de grupo de extermínio.*
- O homicídio qualificado-privilegiado não é crime hediondo.
- Quem ajuda outrem a se matar (indução, instigação ou auxílio a suicídio) responde pelo crime previsto no art. 122, ainda que não haja morte ou lesão grave. **#alteracaorecente**

- Induzir, instigar ou auxiliar materialmente alguém a praticar automutilação constitui crime, ainda que o resultado não ocorra. **#alteracaorecente**
- Se a participação em suicídio ou automutilação alheios ocorrer em ambiente virtual (ex. da baleia azul) eleva-se a pena até o dobro. **#alteracaorecente**
- Infanticídio: conduta da mãe que mata o próprio filho durante o parto ou logo após, sob influência do estado puerperal.
- Mãe, em estado puerperal, mata filho de outrem, no berçário, acreditando ser seu filho = infanticídio (erro quanto a pessoa). **#aplicacaopratica**
- O aborto realizado por terceiro pode ocorrer com (art. 126) ou sem (art. 125) o consentimento da gestante.
- Aborto necessário, aborto humanitário e aborto de feto anencefálico não acarretam responsabilidade penal.
- A lesão corporal dolosa pode ser leve/simples (art. 129, *caput*), grave (§ 1º), gravíssima (§ 2º) e seguida de morte (§ 3º).
- Lesão grave: se resulta incapacidade ocupações habituais por + de 30 dias, perigo de vida, aceleração do parto.
- Lesão gravíssima: incapacidade permanente para o trabalho, enfermidade incurável, deformidade permanente e aborto.
- Membro, sentido ou função: debilidade permanente = lesão grave; perda/inutilização = lesão gravíssima. **#naoconfunda**

- Vítima da lesão perde a visão de um olho (remanescendo a do outro) = lesão grave (debilidade do sentido visão). **#aplicacaopratica**
- Lesão seguida de morte é crime preterdoloso: dolo na lesão + culpa na morte.
- Lesão leve/culposa: a ação penal é condicionada, exceto se praticadas em contexto de violência doméstica (caso em que é incondicionada).
- Homicídio culposo/lesão culposa: admitem perdão judicial.
- Nova causa de aumento da lesão corporal (1/3 a 2/3): lesão funcional contra agentes de segurança pública ou seus parentes.
- É qualificada a lesão corporal praticada contra a mulher quando praticado nas mesmas circunstâncias caracterizadoras do feminicídio. **#alteracaorecente**
- Atenção para a distinção entre os crimes de calúnia, difamação e injúria: **#jahcaiu**

TABELA SALVADORA!!!		
Calúnia	**Difamação**	**Injúria**
Dizer que alguém praticou um **fato** determinado	Dizer que alguém praticou um **fato** determinado	Atribuir a alguém uma **qualidade negativa**, uma adjetivação (xingar)
O fato imputado é definido em lei como crime	O fato não é definido como crime, mas atinge a reputação da vítima	A qualificação atinge o sentimento de autoestima da vítima

TABELA SALVADORA!!!		
Calúnia	**Difamação**	**Injúria**
A vítima não praticou o fato imputado e o caluniador sabe disso	Em regra, não importa se a vítima praticou ou não o fato imputado	Não importa se a qualificação é considerada "adequada" ou não

- Exceção da verdade: calúnia admite; difamação só admite na ofensa funcional a servidor público; injúria nunca.
- A pena aplica-se em dobro se o crime contra a honra for praticado mediante paga ou promessa de recompensa. **#pacoteanticrime**
- A pena será triplicada se o crime contra a honra for cometido ou divulgado em redes sociais na internet. **#pacoteanticrime #derrubadadoveto**
- Calúnia, difamação e injúria têm previsão especial no Código Eleitoral quando praticados no contexto de propaganda eleitoral. **#jahcaiu**
- Novos crimes contra a pessoa (2021): perseguição (art. 147-A) e violência psicológica contra a mulher (art. 147-B). **#alteracaorecente**

PERSEGUIÇÃO

Consiste em **perseguir reiteradamente** alguém:

- ameaçando a sua integridade física ou psicológica; ou
- restringindo sua capacidade de locomoção; ou
- Invadindo ou perturbando, de qualquer forma, sua esfera de liberdade ou privacidade.

VIOLÊNCIA PSICOLÓGICA CONTRA A MULHER

Consiste em causar **dano emocional** à mulher.

- O **resultado** do crime (dano emocional) deve (i) prejudicar a mulher; (ii) perturbar o seu pleno desenvolvimento; ou (iii) objetivar controlar as suas ações, comportamentos, crenças e decisões.
- É **crime de forma livre** que poderá ser praticado por qualquer meio: ameaça, constrangimento, humilhação, manipulação, isolamento, chantagem, ridicularização, limitação do direito de ir e vir ou qualquer outro meio que causa prejuízo à sua saúde psicológica e autodeterminação.

- Tráfico internacional (art. 231) e interno (art. 231-A) de pessoas para fins de exploração sexual foram revogados.
- O novo "tráfico de pessoas" (art. 149-A, CP) é mais amplo, tem pena mais severa e não se limita à exploração sexual.
- Pode destinar-se também à remoção de órgãos, à submissão a condições análogas à de escravo, à servidão e à adoção ilegal.

Crimes contra o patrimônio

- O furto se consuma com a inversão da posse, desnecessária a posse mansa e pacífica e a saída da coisa da esfera de vigilância da vítima. **#jahcaiu**
- Furto privilegiado = agente primário + *res furtiva* de pequeno valor (até um salário mínimo vigente à época do fato).

- Furto e princípio da insignificância: para aplicação do princípio da insignificância não se considera apenas o valor da coisa.

> O STF estabeleceu quatro critérios gerais para a aplicação do princípio da insignificância:
> - mínima ofensividade da conduta
> - ausência de periculosidade social da ação
> - reduzidíssimo grau de reprovabilidade do comportamento
> - inexpressividade da lesão jurídica
>
> **ATENÇÃO!**
>
> O princípio da insignificância não se aplica:
> - aos crimes contra a Administração Pública; **#STJSumulou**
> - às infrações penais praticadas contra a mulher no âmbito das relações domésticas. **#STJSumulou**

- O reconhecimento da insignificância/bagatela implica a exclusão da tipicidade material da conduta.
- Qualificadoras do furto (1): rompimento de obstáculo, abuso de confiança, fraude, escalada, destreza, chave falsa, concurso de pessoas. **#jahcaiu**
- Qualificadoras do furto (2): veículo automotor posteriormente levado para outro estado ou país.
- Qualificadoras do furto (3): subtração de semovente domesticável de produção (boi, porco etc.).
- Qualificadoras do furto (4): subtração mediante emprego de explosivo ou artefato análogo que cause perigo comum. **#alteracaorecente**

- Qualificadoras do furto (5): subtração *de* explosivo ou de acessório que possibilite sua fabricação, montagem ou emprego. **#alteracaorecente**
- Qualificadoras do furto (6): furto mediante fraude eletrônica – é furto cometido com meio fraudulento por meio de dispositivo eletrônico ou informático. **#alteracaorecente**
- O furto qualificado pelo emprego de explosivo ou artefato análogo que cause perigo comum entrou no rol de crimes hediondos. **#alteracaorecente**
- O furto qualificado-privilegiado é admissível quando a qualificadora for de ordem objetiva. **#STJsumulou**
- No estelionato o agente emprega fraude para colocar/manter a vítima em erro, levando-a a entregar o bem ao agente.
- Qualificadora do estelionato: estelionato eletrônico – consiste na obtenção por meio fraudulento de informações da própria vítima ou de terceiro. **#alteracaorecente**
- Majorante do estelionato (1/3 até o dobro): estelionato praticado contra idoso ou vulnerável. **#alteracaorecente**
- O pagamento de cheque sem fundos até o recebimento da denúncia impede a abertura do processo. **#STFsumulou**

ATENÇÃO!

A ação penal no crime de estelionato passa a ser, em regra, **pública condicionada a representação.**

Será, entretanto, **incondicionada** quando a vítima for: a Administração Pública, criança/adolescente, pessoa com deficiência mental, > 70 anos ou incapaz. **#alteracaorecente.**

- Apropriação indébita: o agente tem a posse legítima do bem; o crime se configura quando ele passa a agir como dono (inversão do *animus*).
- O crime de dano só é previsto na modalidade dolosa (não existe dano culposo).
- Roubo próprio: violência/grave ameaça ocorre *antes* ou *durante* a subtração e se destina à subtração.
- Roubo impróprio: violência/grave ameaça ocorre *depois* da subtração com o fim de manter a impunidade ou a detenção da coisa.
- Majorantes (de 1/3 até ½) do roubo (1): concurso de pessoas, transporte de valores, veículo automotor levado para outro estado/país.
- Majorantes do roubo (de 1/3 até ½) (2): restrição da liberdade da vítima, subtração de explosivo ou acessório, emprego de arma branca. **#alteracaorecente**
- Majorantes (de 2/3) do roubo: emprego de arma de fogo e destruição/rompimento de obstáculo com explosivo/ artefato análogo. **#alteracaorecente**
- Majorantes do roubo (pena em dobro): violência/grave ameaça exercida com emprego de arma de fogo de uso restrito ou proibido. **#alteracaorecente**
- Para elevação da pena do roubo na terceira fase, dentro dos limites legais, não basta a mera indicação do número de majorantes. **#STJsumulou #jahcaiu**
- O roubo circunstanciado pela restrição de liberdade vítima e pelo emprego de arma de fogo entrou no rol de crimes hediondos. **#alteracaorecente**

- Arma de brinquedo: caracteriza a grave ameaça configuradora do roubo, mas não faz incidir a majorante (emprego de arma de fogo).
- Latrocínio: roubo qualificado pela morte (dolosa ou culposa). Tentativa de subtração + morte consumada = latrocínio consumado. **#STFsumulou**
- Assim como o latrocínio (resultado morte), o roubo qualificado pelo resultado lesão grave também entrou na lista dos crimes hediondos. **#alteracaorecente**

#naoconfunda	
Roubo	**Extorsão**
O agente está em condições de subtrair a coisa sem a colaboração da vítima. Conseguiria retirar a coisa da vítima ainda que ela não colaborasse.	Na extorsão, a colaboração da vítima é indispensável. O agente obriga que a vítima faça ou deixe de fazer alguma coisa com o intuito de obter a vantagem patrimonial ilícita.

- "A" quer subtrair o conteúdo de um cofre e obriga o proprietário a inserir a senha para abri-lo = extorsão. **#aplicacaopratica**
- Sequestro relâmpago: é extorsão qualificada pela restrição da liberdade da vítima como condição para obtenção da vantagem.
- Extorsão/extorsão mediante sequestro: crimes formais – consumam-se independentemente da obtenção da vantagem indevida. **#jahcaiu**

  Passam a ser hediondo, além da extorsão qualificada pela morte, a extorsão qualificada pela restrição da liberdade da vítima e pela lesão grave. **#alteracaorecente**

- Receptação própria: o agente adquire, recebe, transporta, conduz ou oculta coisa que sabe ser produto crime.
- Receptação imprópria: o agente influi para que um terceiro de boa-fé adquira, receba ou oculte a coisa que sabe ser produto crime.
- Receptação culposa: adquirir coisa que por sua natureza, valor ou situação da oferta deve presumir-se obtida por meio criminoso.
- Novo crime (art. 180-A): receptação de animal semovente domesticável de produção, para fins de produção ou comercialização.

#naoconfunda	
Receptação	**Favorecimento Real**
O autor busca proveito patrimonial para si ou para outrem.	O agente quer apenas beneficiar ("ajudar") o autor do crime (e não obter proveito).

- Escusa absolutória: não se pune o crime patrimonial praticado contra cônjuge (durante a sociedade conjugal), ascendente e descendente.
- Não há escusa absolutória em: a) crime praticado com violência/grave ameaça à pessoa; b) vítima com 60 anos ou mais. **#jahcaiu**

Crimes contra a dignidade sexual

- Estupro: obrigar a vítima, mediante violência/grave ameaça, a realizar ato de conteúdo sexual.
- Majorantes do estupro (1): crime cometido em concurso por 2 ou mais pessoas (estupro coletivo). **#ficaadica**

- Majorantes do estupro (2): crime praticado para controlar o comportamento social ou sexual da vítima (estupro corretivo). **#ficaadica**

> **ATENÇÃO!**
> A ação penal do crime de estupro (e, em geral, dos crimes contra a dignidade sexual) passou a ser pública incondicionada. **#ficaadica**

- Novo crime contra a liberdade sexual: importunação sexual (art. 215-A). **#ficaadica**

> **ATENÇÃO!**
> O crime de "importunação sexual" consiste em praticar ato libidinoso contra alguém (sem sua anuência) para satisfazer a lascívia própria ou alheia. **#ficaadica**

- A pessoa que se masturba dentro de transporte coletivo e ejacula em alguém pratica o crime de importunação sexual. **#aplicacaopratica**
- Novo crime contra a exposição da intimidade sexual: registro não autorizado da intimidade sexual (art. 216-B). **#alteracaorecente**

> **ATENÇÃO!**
> O crime de "registro não autorizado da intimidade sexual" consiste em registrar (por vídeos, fotos, etc.), sem autorização dos participantes, cena de nudez ou ato sexual/libidinoso de caráter íntimo e privado. **#alteracaorecente**

- Quem grava o próprio ato sexual, sem autorização do parceiro, pratica o crime do art. 216-B. **#aplicacaopratica**
- Tb responde pelo crime quem realiza montagem de vídeo, foto, etc. a fim de incluir pessoa em cena de nudez ou ato sexual/libidinoso. **#alteracaorecente**
- Estupro de vulnerável: realizar ato sexual com $<$ 14 anos, doente mental sem discernimento, quem não pode resistir (ex: pessoa em coma).
- No estupro de vulnerável é irrelevante o consentimento da vítima e a eventual prática de atos sexuais anteriores ao crime. **#alteracaorecente**
- No estupro de vulnerável contra $<$ 14 anos é irrelevante a existência de relacionamento amoroso com o agente. **#STJSumulou**
- Manter relação sexual com pessoa no dia do seu aniversário de 14 anos = fato atípico. **#jahcaiu**
- Novo crime: divulgação de cena de estupro/estupro de vulnerável, de cena de sexo ou de pornografia (art. 218-C). **#alteracaorecente**

ATENÇÃO!

O crime do art. 218-C configura-se com a divulgação, por qualquer meio, de (qualquer) registro audiovisual que:

- contenha cena de estupro ou de estupro de vulnerável;
- faça apologia ou induza à prática de estupro/estupro de vulnerável;
- contenha cena de sexo, nudez ou pornografia, sem o consentimento da vítima.

- Quem divulga a gravação de cena de sexo, sem autorização dos envolvidos, pratica o crime do art. 218-C. **#aplicacaopratica**
- Majorantes (de 1/3 a 2/3) do crime do art. 218-C (1): relação íntima de afeto entre o agente e a vítima (atual ou pretérita). **#alteracaorecente**
- Majorantes (de 1/3 a 2/3) do crime do art. 218-C (2): crime praticado com o fim de vingança ou humilhação. **#alteracaorecente**
- Divulgar vídeos íntimos do casal para vingar-se do parceiro rompeu o relacionamento (pornô de vingança) = art. 218-C majorado. **#aplicacaopratica**
- Prostituição não é crime, mas quem a auxilia ou explora responde criminalmente pelas condutas de lenocínio.
- Crimes sexuais *hediondos*: estupro, estupro de vulnerável e favorecimento da prostituição/exploração sexual de criança, adolescente ou vulnerável.
- O novo crime de "promoção de migração ilegal" (art. 232-A) foi erroneamente inserido entre os crimes contra a dignidade sexual. **#alteracaorecente**

O crime de "promoção de migração ilegal" consiste em promover, por qualquer meio, com o fim de obter vantagem econômica, a:

- entrada ilegal de estrangeiro em território nacional;
- entrada ilegal de brasileiro em território estrangeiro;
- a saída ilegal de estrangeiro do Brasil para ingressar ilegalmente em país estrangeiro.

Crimes contra a paz pública

- Associação criminosa: ocorre quando 3 ou + pessoas se associam, de forma estável, para praticar crimes.
- Não responde por associação criminosa quem se associa de forma duradoura para a prática de contravenções penais. **#jahcaiu**
- Associação criminosa ≠ organização criminosa: organização é crime da lei especial, requer pelo menos 4 pessoas e > organização estrutural.
- É crime hediondo a organização criminosa direcionada à prática de outros crimes hediondos ou equiparados. **#alteracaorecente**
- A constituição de milícia privada para a prática de crimes configura o crime previsto no art. 288-A.

Crimes contra a fé pública

- Falsidade material: relaciona-se com a forma do documento; altera-se o corpo de um documento (público ou privado). **#jahcaiu**
- Falsidade ideológica: é a falsidade do conteúdo do doc.; consta informação falsa, inf. que não devia constar ou falta inf. necessária. **#jahcaiu**
- O crime de falsidade é absorvido pelo estelionato, quando se exaure nele, sem mais potencialidade lesiva. **#STJsumulou**

Crimes contra a administração pública

- Peculato-apropriação: o funcionário público se apropria de valor/bem público ou particular de quem tem a posse em razão do cargo.
- Peculato-desvio: o funcionário confere destinação diversa ao bem/valor em proveito próprio ou alheio.
- Peculato-furto: o funcionário, valendo-se de facilidade proporcionada pelo cargo, subtrai bem/valor público ou privado.
- Peculato culposo: o funcionário, ao não observar seu dever de cuidado, favorece a prática do crime por parte de outrem.
- Atenção para a diferença entre concussão e corrupção passiva: **#jahcaiu**

#naoconfunda	
Concussão	**Corrupção passiva**
o funcionário ***exige***, em razão do cargo, vantagem indevida. Consuma-se com a exigência.	o funcionário, em razão do cargo, ***solicita***, ***recebe*** ou ***aceita promessa*** **de receber** vantagem indevida.

- Corrupção ativa: o particular *oferece* ou *promete vantagem* ao funcionário público para que ele pratique, omita ou retarde ato de ofício.
- O particular só responde por corrupção ativa quando parte dele a iniciativa corruptora (oferecer/prometer).

- Funcionário solicita a vantagem + particular o atende = o particular não responde por corrupção ativa (só o funcionário pela passiva). **#ficaadica**
- Prevaricação: o funcionário retarda, omite ou pratica indevidamente ato de ofício em virtude de interesse/sentimento pessoal. **#jahcaiu**
- Particular que auxilia funcionário público em crime funcional responde pelo crime funcional (art. 30). **#jahcaiu**
- "A", particular, ajuda o funcionário "B" a praticar peculato. "A" responde por peculato. A elementar "funcionário público" se comunica a ele.
- Descaminho: iludir pagamento de tributo devido em razão da entrada, saída ou consumo de mercadoria.
- Contrabando: importação/exportação de mercadoria proibida.
- Descaminho: princípio da insignificância e valor do crédito tributário – até R$ 10.000,00 (STJ) e até R$ 20.000,00 (STF). **#jahcaiu**

  Denunciação caluniosa: o agente faz o Estado perder tempo apurando *crime, infração ético-disciplinar* ou *ato ímprobo*, sabendo da inocência da vítima. **#alteracaorecente**
- O crime de exercício arbitrário ou abuso de poder (art. 350) foi revogado pela nova Lei de Abuso de Autoridade, que estabeleceu novos tipos penais. **#alteracaorecente**

- Os crimes contra licitações e contratos administrativos foram incorporados ao CP (arts. 337-E a 337-P) pela nova Lei de Licitações (Lei 14.133/2021). **#alteracaorecente**

Crimes da legislação especial

- Crime tributário material (art. 1º, I a IV, Lei 8.137/90) só se tipifica com o lançamento definitivo do tributo (Sum. Vinculante 24 do STF). **#jahcaiu**
- O crime de tráfico de drogas, mesmo com diminuição de pena, é equiparado a crime hediondo. **#STJsumulou**
- Posse/porte ilegal de arma de fogo de uso restrito foi distinguida da posse/porte de arma de fogo de uso proibido. **#alteracaorecente**
- A posse/porte ilegal de arma de uso restrito tornou-se a figura básica e a posse/porte de arma de uso proibido, a sua qualificadora. **#alteracaorecente**
- São crimes hediondos: posse/porte ilegal de arma de fogo de uso proibido, o comércio ilegal e o tráfico internacional de arma de fogo. **#alteracaorecente**
- Constitui crime de abuso de autoridade decretar medida privativa de liberdade em manifesta desconformidade com a lei. **#alteracaorecente**
- O Código Eleitoral passa a prever o crime de denunciação caluniosa com fins eleitorais. **#alteracaorecente**

DIREITO PROCESSUAL PENAL

Karem Ferreira

Princípios

- O princípio da insignificância é inaplicável aos crimes contra a administração pública **#STJsumulou**
- A voluntariedade é um princípio recursal, se não é voluntário, não é recurso **#detalhe**
- O juiz das garantias, inserido em nosso ordenamento jurídico pela Lei 13964/19, encontra respaldo constitucional em princípios como: devido processo legal, ampla defesa e contraditório **#detalhe #pacoteanticrime**

***Juiz das Garantias* - Suspenso pelo STF ADI 6298**

- Trata-se de novo instituto criado pela Lei 13964/19, que acresceu ao Código de Processo Penal os Arts. 3-A a 3-F. Vale lembrar que a norma está suspensa **#naoconfunda**
- O juiz das garantias é responsável pelo controle da legalidade da investigação criminal, bem como por salvaguardar os direitos individuais **#novidade #pacoteanticrime**
- Cabe ao juiz das garantias zelar pela observância dos direitos do preso **#novidade #pacoteanticrime**
- O Juiz das garantias deverá receber a comunicação imediata da prisão, conforme determina o art. 5, LXII, CF, bem como, ser informado sobre a instauração de qualquer investigação criminal. **#novidade #pacoteanticrime**

- As decisões proferidas pelo juiz das garantias não vinculam o juiz da instrução e julgamento. **#novidade #pacoteanticrime**
- Secretaria do Juízo das Garantias será separada do Juízo de Instrução e Julgamento. Somente os documentos relativos às provas irrepetíveis, medidas de obtenção ou antecipação de provas serão remetidos do Juízo das Garantias para o Juízo da Instrução e deverão ser apensados em apartado **#novidade #pacoteanticrime**
- Não há que se falar na observação do Juiz das Garantias às infrações de menor potencial ofensivo **#novidade #pacoteanticrime**

Inquérito Policial

- No Inquérito temos meras irregularidades, não há que se falar em nulidade **#detalhe**

> A Câmara dos Deputados e o Senado Federal têm legitimidade para instaurar Inquérito Policial em crimes cometidos em sua dependência **#STFsumulou**

- A participação de membro do MP no Inquérito não é causa impeditiva para o oferecimento da denúncia – **#STJsumulou**
- O inquérito policial não pode ser instaurado exclusivamente com base em denúncia anônima **#jahcaiu**
- Em se tratando de denúncia anônima outras diligências devem ser realizadas para só então ser instaurado o inquérito policial **#macetao**

- O Inquérito Policial não suspende nem interrompe o prazo decadencial para a propositura da Ação Penal **#ficaadica**
- O sigilo do Inquérito em relação as provas já documentadas, não se aplica ao advogado contratado **#STFsumulou**
- O acusado tem direito de ser acompanhado por advogado já na fase de inquérito policial, o acompanhamento, no entanto, é facultativo **#jahcaiu**
- O acesso aos autos do inquérito policial pelo advogado dispensa procuração, salvo nos casos de processo em segredo de justiça **#detalhe**
- Em se tratando de inquérito policial com segredo de justiça, no caso de múltiplas partes e procuradores, cada procurador terá acesso ao que diz respeito ao seu cliente **#detalhe**
- Será obrigatória a presença de defensor, já na fase de inquérito policial, quando a investigação envolver membros das Forças Armadas ou da Segurança Pública que forem acusados de praticar conduta de caráter letal, tentada ou consumada incluindo os casos de ação acobertada por excludente de ilicitude **#novidade #pacoteanticrime**
- O investigado membro das Forças Armadas ou da Segurança Pública que for investigado pela prática de força letal em exercício profissional deverá ser 'citado' da instauração do procedimento investigatório e poderá constituir defensor em até 48h, contadas da 'citação'. Passado o referido prazo sem constituição de defensor, a autoridade responsável ela investigação deverá intimar a instituição na qual o investigado estava vinculado à época

de ocorrência dos fatos para que esta indique defensor para representação do acusado em 48h. Não há previsão expressa sobre as consequências da inobservância da referida norma **#novidade #pacoteanticrime**

- Arquivado o inquérito policial, pelo juiz, a requerimento do Promotor de Justiça, não pode a ação penal ser iniciada, sem novas provas **#STFsumulou #jahcaiu**
- Delegado não arquiva inquérito policial **#jahcaiu**
- O novo procedimento de arquivamento do inquérito policial está suspenso pela ADI 6305/DF, em liminar concedida pelo Min Luiz Fux.
- Após determinação de arquivamento de inquérito o promotor deverá submeter a decisão à instância de revisão ministerial (MPE: Procurador Geral de Justiça; MPF: Câmara de Coordenação e Revisão) para homologação. **#novidade #pacoteanticrime**
- Ordenado o arquivamento do inquérito policial ou quaisquer elementos informativos de mesma natureza, deverão ser comunicadas: vítima, investigado e autoridade policial. **#novidade #pacoteanticrime**
- Em caso de discordância frente à determinação de arquivamento do inquérito policial, a vítima ou seu representante legal poderão requerer a revisão da decisão junto à instância superior do MP. **#novidade #pacoteanticrime**
- O inquérito policial não será desarquivado, ainda que existam novas provas, se o crime estiver prescrito. **#jahcaiu**
- O inquérito policial arquivado por atipicidade produz coisa julgada material e formal, razão pela qual não poderá ser desarquivado. **#macetao**

- Em crimes cuja ação penal seja privada, o inquérito somente será instaurado mediante requerimento da vítima ou seu representante. **#jahcaiu**
- Ao tomar conhecimento da prática de infração penal a autoridade policial deverá colher informações sobre a existência de filhos e tudo que diz respeito a eles. **#ficaadica**

Acordo de Não Persecução Penal

- Em se tratando de infração praticada sem violência ou grave ameaça com pena mínima inferior à 4 (quatro) anos o MP poderá propor acordo de não persecução penal, desde que em conformidade com as determinações legais. **#novidade #pacoteanticrime**
- São condições para formalização do acordo de não persecução penal: reparar o dano ou restituir a coisas à vítima – salvo na impossibilidade de fazê-lo; renunciar voluntariamente bens e direitos indicados pelo Ministério Público como instrumentos, produtos ou proventos do crime; prestar serviços à comunidade; pagar prestação pecuniária a ser estipulada pelo MP; quaisquer outras condições que possam vir elencadas, desde que proporcionais e compatíveis à infração penal praticada. **#novidade #pacoteanticrime**
- O tempo de prestação de serviços à comunidade será fixado com base na pena mínima cominada ao delito – consideradas as causas de aumento e de diminuição aplicáveis ao caso concreto, diminuída de um a dois terços. **#novidade #pacoteanticrime**
- Não se aplica o instituto da não persecução penal nos casos de infrações de menor potencial ofensivo; em

se tratando de crime praticado com violência ou grave ameaça; nos casos de violência doméstica ou em razão de gênero; quando autor for reincidente ou pratique a conduta de forma habitual; em caso de agente já beneficiado pelo acordo de não persecução penal, pelo instituto da transação penal ou ainda pela suspensão condicional do processo nos 5 (cinco) anos anteriores ao cometimento da infração. **#novidade #pacoteanticrime**

- Firmado o acordo deverá ser assinado pelo MP, investigado e seu defensor. A homologação pelo juiz se dará por meio de audiência com a presença de todos os envolvidos. Será possível, no ato, que o magistrado analise as condições determinadas e poderá recusá-la se entender que não atende os requisitos legais. **#novidade #pacoteanticrime**
- Da recusa da homologação do acordo de não persecução penal, por parte do magistrado, caberá Recurso em Sentido Estrito, nos termos do Art. 581, XXV, Código de Processo Penal. **#novidade #pacoteanticrime**
- Descumpridas as condições determinadas no acordo de não persecução penal, o MP comunicará o juízo, ela será rescindida e a denúncia poderá ser oferecida. Cumprido integralmente o acordo, será declarada extinta a punibilidade. **#novidade #pacoteanticrime**
- Se o MP se recusar à propositura do acordo, o investigado poderá requerer a remessa dos autos à órgão superior. **#novidade #pacoteanticrime**

Ação Penal

- Segundo o princípio da indivisibilidade da Ação Penal Privada, a renúncia em relação à um dos autores se estende aos demais, entendimento dos Arts. 48 e 49, CPP. **#jahcaiu**

- Na queixa crime a procuração deve conter poderes especiais, art. 44, CPP. **#jahcaiu**
- A denúncia ou queixa deverá conter a exposição do fato criminoso, com todas as suas circunstâncias, a qualificação do acusado ou esclarecimentos pelos quais se possa identificá-lo, a classificação do crime. A inobservância de quaisquer dos requisitos apontados é causa de rejeição. **#jahcaiu**
- A representação poderá ser **escrita** ou **oral #ficaadica**
- O prazo para representação na ação penal pública condicionada, será de 6 meses **contados do conhecimento da autoria dos fatos. #detalhe**
- Os crimes previstos na Lei 13869/19 serão de ação penal pública incondicionada, vale ressaltar que, não sendo proposta no prazo legal, será admitida ação penal privada **#novidade #abusodeautoridade**
- A **retratação da representação** será possível **até o oferecimento da denúncia - Art. 25, CPP #jahcaiu**
- A **retratação da retração** não será possível do ponto de vista legal, mas **é admitida pela doutrina e jurisprudência #detalhe**
- Em caso de ofendido declarado ausente ou morto, será titular da representação o **CADI – Cônjuge, ascendente, descendente, irmão #macetao**
- Nos casos de Ação Penal Pública Condicionada à Representação nas infrações de menor potencial ofensivo, a

homologação da composição civil implica em renúncia à representação. **#jahcaiu**

- O menor de idade ainda que emancipado não pode promover ação penal **#detalhe**
- Não há prazo para requisição do ministro da justiça, para apuração de crime cometido contra Pres. da República ou chefe de Gov. estrangeiro
- O **Perdão** do ofendido é **bilateral** e ocorre após o oferecimento da denúncia, será possível somente nas ações penais privadas, uma vez concedido a um dos querelados se estenderá a todos **#ficaadica**
- A **falta de pedido de condenação em alegações finais**, na ação penal **privada**, gera **perempção** quanto à matéria **#jahcaiu**
- A ação penal privada subsidiária da pública somente será possível com a inércia do MP
- O **pedido de arquivamento** por parte do MP **não configura inércia** e não possibilita a propositura da ação subsidiária da pública **#jahcaiu**
- Não há decadência na ação penal privada subsidiária da pública, haja vista que na inércia da vítima o MP retomará a ação **#STFsumulou**
- A Lei 13718/18 alterou a natureza das ações penais dos crimes contra a **dignidade sexual** que passam agora a ser **Pública Incondicionada #ficaadica**
- A superveniência da sentença condenatória prejudica o pedido de trancamento da ação penal por falta de justa causa feito em HC **#STJSumulou #Sumula648**

- O crime de estupro de vulnerável se configura com a conjunção carnal ou prática de ato libidinoso com menor de 14 anos, sendo irrelevante eventual consentimento da vítima para a prática do ato, sua experiência sexual anterior ou existência de relacionamento amoroso com o agente **#STJsumulou**

- O crime de estelionato – Art. 171, Código Penal, passa a ser de Ação Penal Condicionada à Representação, salvo nos casos de crime contra a Administração Pública, direta ou indireta; criança ou adolescente; pessoa com deficiência mental ou incapaz, ou ainda em se tratando de vítima maior de 70 anos **#novidade #pacoteanticrime**

- Em se tratando de **lesão corporal** – ainda que **leve** – nos casos de **violência doméstica**, a **ação penal** será **incondicionada #jahcaiu #STJSumulou #Sumula542STJ**

- Nos casos de **lesão corporal culposa, lesão corporal culposa no trânsito ou lesão corporal dolosa leve** a ação penal será **pública condicionada a representação #detalhe**

- Nas **lesões corporais culposas no trânsito** a **ação penal** será **incondicionada** se o motorista estiver embriagado, participando de racha ou em velocidade com mais de 50Km acima do limite permitido **#detalhe**

- É concorrente a legitimidade do ofendido, mediante queixa, e do ministério público, condicionada à representação do ofendido, para a ação penal por crime contra a honra de servidor público em razão do exercício de suas funções **#STFsumulou #jahcaiu**

Ação Civil

- Em caso de comprovação de inexistência material do fato a sentença penal absolutória obsta a propositura da ação civil
- A **sentença penal condenatória transitada em julgado** constitui **título executivo judicial** e deve ser executada no cível **#ficaadica**
- O juiz penal ao proferir sentença criminal, fixará o quantum mínimo para reparação do dano **#jahcaiu**
- Em caso de vítima pobre com direito a reparação do dano, o MP poderá executar a sentença condenatória ou propor a ação civil

Jurisdição e Competência

- Crimes cometidos contra **sociedade de economia mista** serão julgados pela **Justiça Estadual #STJsumulou**
- Será de competência da Justiça Federal o julgamento de crimes cometidos em detrimento de **bens, serviços** ou **interesse** da **União** ou de **suas entidades. #jahcaiu**
- A competência especial por prerrogativa de função não se estende ao crime cometido após a cessação definitiva do exercício funcional **#STFSumulou**

As **contravenções penais**, ainda que **cometidas** em detrimento de bens, serviços ou interesse da **União** ou de suas entidades **serão julgadas** pela Justiça **Estadual #STJsumulou**

- Compete à Justiça Federal comum processar e julgar civil denunciado pelos crimes de falsificação e de uso de documento falso quando se tratar de falsificação da Caderneta de Inscrição e Registro (CIR) ou de Carteira de Habilitação de Amador (CHA), ainda que expedidas pela Marinha do Brasil **#STFsumulou**

- Militar que pratica crime de abuso de autoridade será julgado pela Justiça Federal comum, ainda que praticado em serviço **#STJsumulou**

- Haverá separação de processos sempre que houver concurso entre jurisdição comum e militar e jurisdição comum e JECRIM

- A **competência territorial** será fixada pelo **local da consumação** do crime – **Teoria do Resultado #jahcaiu**

- **Competência territorial – exceção.** Em se tratando da prática do Crime de Estelionato que se dê mediante depósito, cheque sem fundos – em poder do sacado – ou com pagamento frustrado ou mediante transferência de valores, a competência será no domicílio da vítima. No caso de pluralidade das vítimas, a competência será determinada pelo juízo prevento. **#novidade**

- Em caso de **tentativa** será adotada a **Teoria da Ação** – será competente o local onde foi praticado o último ato de execução **#ficaadica**

- Vereador não possui foro privilegiado **#ficaadica**

- **Prefeito** que pratica crime **federal** será julgado pelo **TRF**, se praticar crime **estadual**, será julgado pelo **TJ #prontofalei**

- Em conflito de competência, se ambas forem constitucionais prevalecerá a especialidade **#jahcaiu**
- Aposentado não faz jus a Foro Privilegiado **#jahcaiu**
- Nos crimes de contrabando ou descaminho, será definido pela prevenção do juízo federal do local da apreensão dos bens **#STJSumulou**
- Vereador não tem foro privilegiado **#jahcaiu**
- É do STJ a competência para julgar Governador **#jahcaiu**
- A competência para processar e julgar o crime de uso de documento falso é firmada em razão da entidade ou órgão ao qual foi apresentado o documento público, não importando a qualificação do órgão expedidor #STJSumulou **#jahcaiu**

Questões e Processos Incidentes

- No caso de ação penal com existência de questão prejudicial facultativa, pode o magistrado decretar sua suspensão de ofício **#jahcaiu**
- Em sendo proposta nova ação por mesmo fato em que haja sentença com trânsito em julgado, caberá arguição de exceção de coisa julgada buscando a extinção do processo. **#jahcaiu**
- As exceções serão propostas em autos apartados e não suspenderão, em regra o andamento da ação penal. **#jahcaiu**
- O sequestro será levantado se a ação penal não for proposta em até 60 dias, contados da efetivação da diligência **#jahcaiu**

- O sequestro pode ser requerido pelo MP e pode ser decretado antes do oferecimento da denúncia **#jahcaiu**
- Em se tratando de apreensão de coisa adquirida com provento da infração, transitada em julgada a sentença condenatória, haverá avaliação e leilão público dos respectivos bens #novidade **#pacoteanticrime**
- Os valores apurados com a venda dos bens serão destinados ao Fundo Penitenciário Nacional, salvo se houver previsão diversa prevista em lei especial e excluído o que couber ao lesado ou terceiro de boa-fé **#novidade #pacoteanticrime**
- Se o bem apreendido, onde se deu a decretação de seu perdimento, se tratar de obra de arte ou outro bem de relevante valor cultural ou artístico, em se tratando de crime sem vítima determinada, o referido bem poderá ser destinado a museu público **#novidade #pacoteanticrime**
- Nos casos de bens como embarcação ou aeronave, o juiz ordenará à autoridade de trânsito ou ao órgão de registro e controle a expedição de certificado provisório de registro e licenciamento em favor do órgão público beneficiário, o qual estará isento do pagamento de multas, encargos e tributos anteriores à disponibilização do bem para a sua utilização, que deverão ser cobrados de seu responsável #novidade **#pacoteanticrime**
- O órgão de segurança pública participante das ações de investigação ou repressão da infração penal que ensejou a constrição do bem terá prioridade na sua utilização #novidade **#pacoteanticrime**
- É necessária procuração com poderes especiais ao procurador que instaurar incidente de falsidade. #jahcaiu

- Da decisão que indefere pedido de instauração de incidente de insanidade mental não caberá recurso **#jahcaiu**
- A instauração de incidente de insanidade mental depende de autorização judicial **#jahcaiu**
- Instaurado o incidente de insanidade mental, o processo ficará suspenso, salvo com relação a diligências urgentes **#jahcaiu**

Audiência de Custódia

- A audiência de custódia vinha sendo observada em nosso ordenamento jurídico em decorrência de Resolução do CNJ. Com a Lei 13964/19 passou a ter previsão expressa em nosso Código de Processo Penal **#ficaadica**
- A audiência de custódia deve ser realizada no prazo máximo de 24h após o recebimento do auto de prisão em flagrante e devem estar presentes: acusado acompanhado de seu procurador, membro do Ministério Público e o Magistrado **#novidade #pacoteanticrime**
- Inicialmente fora previsto na Lei 13964/19 que a inobservância do prazo para realização da audiência ensejaria o seu relaxamento por ilegalidade, entretanto, tal previsão está **suspensa** a partir de decisão do Ministro do STF, Luiz Fux **#detalhe**
- Na audiência de custódia o Juiz poderá: relaxar o flagrante – se ilegal; converter o flagrante em preventiva – se presentes seus requisitos; ou conceder liberdade provisória com ou sem fiança **#ficaadica**

- Ainda na audiência de custódia, deverá ser analisada a presença de quaisquer das excludentes de ilicitude – legítima defesa, estado de necessidade, estrito cumprimento do dever legal, exercício regular de um direito – e em caso positivo, poderá ser concedida ao acusado a liberdade provisória **#ficaadica**
- A audiência de custódia tem por finalidade a análise da legalidade e necessidade da prisão e serve para todas as prisões **#ficaadica**

Prisões

- A decretação da prisão provisória não ofende ao princípio da presunção de inocência **#STJsumulou**
- As medidas cautelares não poderão ser decretadas de ofício pelo magistrado **#novidade #pacoteanticrime**
- É possível, contudo, que seja decretada de ofício a revogação ou substituição de medida cautelar **#novidade #pacoteanticrime**
- É lícita a decretação da prisão cautelar antes do trânsito em julgado de sentença condenatória, desde que preenchidos os seus requisitos **#ficaadica**
- Em caso de **flagrante** preparado, a prisão será ilícita e o fato atípico **#STFsumulou**
- Nas hipóteses de **crime organizado** e **tráfico** de entorpecentes, será possível o **flagrante diferido #ficaadica**
- São requisitos para o **flagrante** diferido: ordem judicial motivada, oitiva MP, conhecimento do itinerário da droga e dos infratores envolvidos **#detalhe**

- Nos Crimes de ação penal pública condicionada ou privada, será necessária a manifestação da vítima ou representante para decretação do **flagrante**
- É possível a **prisão em flagrante no JECRIM**, quando o **acusado** se **negar** a assinar o **termo de compromisso #prontofalei**
- Na lavratura do **flagrante** serão colhidas informações sobre filhos, suas idades, condição de saúde, nome e contato de eventual responsável por seu cuidado **#detalhe**
- É vedado o uso de algemas em mulheres grávidas durante os atos médico-hospitalares preparatórios para a realização do parto e durante o trabalho de parto, bem como em mulheres durante o período de puerpério imediato **#detalhe**
- A prisão **preventiva** pode ser decretada na fase de inquérito ou de ação penal por provocação do Ministério Público, vítima ou seu representante ou ainda por representação da autoridade policial **#novidade #pacoteanticrime**
- Acerca da atuação de ofício do magistrado na prisão preventiva, é vedada a decretação, mas permitida sua revogação **#novidade #pacoteanticrime**
- Não será admitida a decretação da prisão preventiva com a finalidade de antecipação de cumprimento de pena ou como decorrência imediata de investigação criminal ou da apresentação ou recebimento de denúncia **#novidade #pacoteanticrime**
- Acerca da motivação para a decretação da prisão preventiva, a Lei 13964/19 determina que a justificativa

deve ser concreta e com embasamentos específicos **#novidade #pacoteanticrime**

> Decretada a prisão preventiva, a decisão acerca de necessidade de sua manutenção deve ser revista a cada 90 dias sob pena de se tornar ilegal **#novidade #pacoteanticrime**

- A presença de excludente de ilicitude obsta a decretação da **prisão preventiva #ficaadica**
- O **comparecimento espontâneo evita** a prisão em **flagrante,** mas **não impede** a decretação da **preventiva #prontofalei**
- A prisão **preventiva** imposta à mulher gestante ou que for mãe ou responsável por crianças ou pessoas com deficiência, será substituída por prisão domiciliar desde que não tenha sido cometido crime com violência ou grave ameaça, bem como que o crime não tenha sido cometido contra filho ou dependente **#ficaadica**
- Nos casos de crimes punidos com **pena de até 4 anos**, a **fiança** poderá ser arbitrada pelo **delegado #ficaadica**
- O uso de algemas somente será possível em caso de situações excepcionais **#STFsumulou**
- A prisão **preventiva** poderá ser substituída por prisão domiciliar no caso de gestante, mulheres (**ou homens quando únicos responsáveis pelos filhos**) com filhos até 12 anos **#ficaadica**
- A prisão **temporária** é exclusiva da fase de inquérito policial e não poderá ser decretada de ofício **#jahcaiu**

- Só é lícito o uso de algemas em casos de resistência e de fundado receio de fuga ou de perigo à integridade física própria ou alheia, por parte do preso ou de terceiros, justificada a excepcionalidade por escrito, sob pena de responsabilidade disciplinar, civil e penal do agente ou da autoridade e de nulidade da prisão ou do ato processual a que se refere, sem prejuízo da responsabilidade civil do Estado. **#STFsumulou #SumulaVinculante11**

Procedimento Comum

- Os crimes cuja **pena máxima em abstrato** forem **maiores ou iguais a 4 anos** correrão sob o **Rito Ordinário #ficaadica**
- O rito **sumário** será aplicado aos **crimes cuja pena máxima em abstrato seja maior que 2 anos e menor que 4 anos #ficaadica**
- Para as infrações com **pena máxima em abstrato menor ou igual a 2 anos**, em regra, será adotado o rito **sumaríssimo** = JECRIM **#ficaadica**
- Tóxicos, Imprensa, Honra, Júri e Funcionário Público seguirão os ritos especiais estabelecidos em lei **#ficaadica**
- Em caso de **conflito** entre **competência especial** e rito **sumaríssimo, prevalecerá** o **sumaríssimo #detalhe**
- A **citação** no processo penal será pessoal, por **edital** ou com **hora certa #jahcaiu**
- A falta de **citação** implica em nulidade absoluta, seu defeito, por sua vez, gera nulidade relativa **#detalhe**
- Em se tratando de **citação** com hora certa, seguiremos o procedimento estabelecido no CPC **#detalhe #jahcaiu**

- Quando o réu estiver em **LINS** – local incerto e não sabido – a **citação** se procederá por edital **#macetao**
- Nos casos de **citação por edital** o processo ficará suspenso assim como o prazo prescricional **#ficaadica**
- **Não há citação por correio no processo penal #jahcaiu**
- O réu preso deve ser citado **pessoalmente #detalhe**
- O militar será **citado** através do chefe do respectivo serviço **#detalhe**
- Em caso de citação de funcionário público, seu chefe deverá ser notificado **#detalhe**
- Efetivada a citação o réu terá 10 dias para oferecer resposta escrita à acusação **#ficaadica**
- A Resposta escrita à acusação é obrigatória e sua ausência implica na nomeação de defensor dativo com devolução do prazo para sua apresentação **#jahcaiu**
- Na resposta a acusação o réu poderá arguir a nulidade ou requerer a absolvição sumária, sendo que da decisão que absolver sumariamente o acusado, caberá apelação **#ficaadica**
- A oitiva do réu em juízo sana qualquer nulidade da citação **#ficaadica**

> A audiência obedecerá a seguinte ordem: vítima, testemunha de acusação, de defesa, peritos, acareações, reconhecimentos, interrogatório do acusado
>
> O desrespeito à ordem determinada na lei acarreta em nulidade **#ficaadica**

- Os debates orais poderão ser convertidos em memoriais escritos em casos complexos, com muitos réus ou produção de novas diligências

  A acareação será admitida entre acusados, entre acusado e testemunha, entre testemunhas, entre acusado ou testemunha e a pessoa ofendida, e entre as pessoas ofendidas, sempre que divergirem, em suas declarações, sobre fatos ou circunstâncias relevantes – Art. 229, CPP **#jahcaiu**

- Os processos que apurem a prática de crime hediondo terão prioridade de tramitação em todas as instâncias – Art. 394-A, CPP **#ficaadica**

Juizado Especial Criminal

- Nas **infrações de menor potencial** ofensivo não há que se falar em instauração de inquérito, mas sim em **lavratura de Termo Circunstanciado**
- Não há citação por edital no JECRIM, neste caso, o processo seguirá o rito comum **#naoconfunda**
- Critérios do JECRIM: **CESIO:** Celeridade, Economia Processual, Simplicidade, Informalidade, Oralidade **#Macetao**
- No JECRIM os atos processuais serão públicos, poderão ser realizados a noite e em qualquer dia da semana **#ficaadica**
- Será possível prender em flagrante no JECRIM nos casos em que o agente se recusar a assinar o termo de compromisso **#jahcaiu**

- A suspensão condicional do processo será concedida a **todas as infrações** cuja **pena mínima** em abstrato seja **menor ou igual a 1 ano #ficaadica**
- Não se admite a suspensão condicional do processo por crime continuado, se a soma da pena mínima da infração mais grave com o aumento mínimo de um sexto for superior a um ano. **#STFSumulou #Sumula723**
- No **JECRIM, o Exame de Corpo de Delito poderá ser dispensado** se **comprovada a materialidade por outras vias,** como por exemplo, através de boletim médico – Art. 77, § 1º, Lei 9099/95 **#detalhe**
- Será afastada a competência do **JECRIM** nos casos em que o autor do crime não for encontrado ou ainda em se tratando de causa com complexidade probatória **#ficaadica**
- Não será cabível Recurso Especial decorrente de decisão do JECRIM **#ficaadica**
- Preenchidos os requisitos da suspensão condicional do processo, se recusando o promotor a propô-la, o Juiz remeterá a questão ao Procurador-Geral, por analogia ao Art. 28, CPP – Sumula 696 **#STFSumulou**
- Em se tratando de crime continuado, se a soma da pena mínima com o aumento mínimo for superior a 1 ano, não será admitida a Suspensão Condicional do Processo – Súmula 723 **#STFSumulou**
- A homologação da transação penal prevista no artigo 76 da Lei 9.099/1995 não faz coisa julgada material e, descumpridas suas cláusulas, retoma-se a situação anterior, possibilitando-se ao Ministério Público a continuidade da

persecução penal mediante oferecimento de denúncia ou requisição de inquérito policial – Súmula Vinculante 35 **#STFSumulou**

- O benefício da suspensão do processo não é aplicável em relação às infrações penais cometidas em concurso material, concurso formal ou continuidade delitiva, quando a pena mínima cominada, seja pelo somatório, seja pela incidência da majorante, ultrapassar o limite de um (01) ano, Súmula 243 **#STJSumulou**

Procedimento do Júri

- Serão julgados pelo tribunal do **júri** todos os **crimes dolosos** contra a **vida** e os a ele **conexos #detalhe**
- O procedimento do júri é bifásico: judicium causae e *judicium accusattionis.*

> O crime de latrocínio é de competência do juízo singular **#STFsumulou**

- O tribunal do **júri** é composto por **1 juiz presidente** e **25 jurados** sorteados, dos quais **7** serão **sorteados** para o **Conselho de Sentença**
- A **decisão dos jurados é soberana,** mas **pode ser modificada por Tribunal** em sede de **Revisão Criminal**
- O tribunal do júri é órgão de 1ª instância **#ficaadica**
- No plenário do júri, as partes podem perguntar diretamente ao acusado **#prontofalei**

- A decisão que determina o desaforamento de processo da competência do Júri sem audiência da defesa, gerará nulidade **#STFsumulou**
- É absoluta a nulidade do julgamento, pelo júri, por falta de quesito obrigatório Súmula 156 **#STFSumulou**
- No Tribunal do Júri será nula a decisão que acolher nulidade arguida contra o réu, contra o réu, nulidade não arguida no recurso da acusação, salvo nos casos de recurso de ofício Súmula 160 **#STFSumulou**
- Em se tratando de julgamento no Tribunal do Júri, será absoluta a nulidade quando os quesitos de defesa não precederem aos das circunstâncias agravantes Súmula 162 **#STFSumulou**
- A pronúncia possui natureza jurídica de decisão interlocutória mista não terminativa **#jahcaiu**
- São requisitos da pronúncia os indícios de autoria e a prova da materialidade do delito **#jahcaiu**
- Será possível execução provisória da pena, no âmbito do Tribunal do Júri, em caso de condenação superior a 15 anos após análise do presidente do Júri que deverá avaliar a possibilidade de revisão da condenação, caso em que, poderá negar a referida execução **#novidade #pacoteanticrime**
- A competência constitucional do Tribunal do Júri prevalece sobre o foro por prerrogativa de função estabelecimento exclusivamente pela Constituição Estadual **#STFSumulou #SumulaVinculante45**

Prova

- A prova ilícita viola direito material e deve ser desentranhada dos autos. A prova ilegítima viola direito processual e gera nulidade **#jahcaiu**
- A prova cabe a quem alega, cabe ao acusador comprovar a culpa, cabe à defesa demonstrar a ocorrência de excludentes **#jahcaiu**
- O juiz que conhecer do conteúdo da prova declarada inadmissível não poderá proferir a sentença ou acórdão. Novidade instituída pela Lei 13964/19, **suspensa** por decisão do Ministro Luiz Fux **#novidade #pacoteanticrime**

Da Cadeia de Custódia e das Perícias em Geral

- Considera-se cadeia de custódia o conjunto de todos os procedimentos utilizados para manter e documentar a história cronológica do vestígio coletado em locais ou em vítimas de crimes, para rastrear sua posse e manuseio a partir de seu reconhecimento até o descarte **#novidade #pacoteanticrime**
- O início da cadeia de custódia dá-se com a preservação do local de crime ou com procedimentos policiais ou periciais nos quais seja detectada a existência de vestígio **#novidade #pacoteanticrime**
- O agente público que reconhecer um elemento como de potencial interesse para a produção da prova pericial fica responsável por sua preservação **#novidade #pacoteanticrime**
- Vestígio é todo objeto ou material bruto, visível ou latente, constatado ou recolhido, que se relaciona à infração penal **#novidade #pacoteanticrime**

- São etapas de rastreamento dos vestígios na cadeia de custódia: reconhecimento, isolamento, fixação, coleta, acondicionamento, transporte, recebimento, processamento, armazenamento e descarte. Para entender no que consiste cada um, leia Art. 158-B e seus incisos, no código de processo penal **#novidade #pacoteanticrime**
- Todos os Institutos de Criminalística deverão ter uma central de custódia destinada à guarda e controle dos vestígios, e sua gestão deve ser vinculada diretamente ao órgão central de perícia oficial de natureza criminal **#novidade #pacoteanticrime**
- Após a realização da perícia, o material deverá ser devolvido à central de custódia, devendo nela permanecer **#novidade #pacoteanticrime**
- Busca: Buscas domiciliares acontecerão sempre durante o dia e com mandado judicial. A permissão do morador supre a ausência dos requisitos **#ficaadica**

> **Perícia:**
> A coleta de vestígios deverá ser realizada preferencialmente por perito oficial, que dará o encaminhamento necessário para a central de custódia, mesmo quando for necessária a realização de exames complementares **#novidade #pacoteanticrime**

- O exame de **corpo de delito** é **obrigatório** nas **infrações que deixam vestígio** e sua ausência não será suprida nem mesmo pela confissão, nos termos do Art. 158, CPP **#jahcaiu**

- O exame de **corpo de delito** e outras perícias serão realizados por perito oficial, portador de diploma de curso superior. Na falta de perito oficial o exame será realizado por duas pessoas idôneas portadoras de diploma de curso superior preferencialmente na área específica, dentre as que tiverem habilitação técnica relacionada com a natureza do exame e prestarão o compromisso de bem e fielmente desempenhar o cargo **#ficaadica**

- Haverá prioridade na realização do **corpo de delito**, quando houver crime que envolva violência doméstica e familiar contra a mulher ou violência contra a criança, adolescente, idoso ou pessoa com deficiência **#ficaadica**

- Para a configuração do delito de violação de direito autoral e a comprovação de sua materialidade, é suficiente a perícia realizada por amostragem do produto apreendido, nos aspectos externo do material, e é desnecessária a identificação dos titulares dos direitos autorais violados ou daqueles que os representem ***#STJSumulou***

- **Testemunha:** Doentes mentais, menores de 14 anos e parentes do acusado não prestam compromisso, mas podem ser ouvidos como informantes **#ficaadica**

- A **testemunha** não poderá eximir-se da obrigação de depor, poderão, contudo, fazê-lo: o ascendente ou descendente, o afim em linha reta, o cônjuge, ainda que desquitado, o irmão e o pai, a mãe, ou o filho adotivo do acusado, salvo quando não for possível, por outro modo, obter-se ou integrar-se a prova do fato e de suas circunstâncias – Art. 206, CPP **#jahcaiu**

- A **testemunha** poderá ser conduzida de forma coercitiva **#ficaadica**

- O **interrogatório** do réu possui duas naturezas: meio de prova e meio de defesa **#jahcaiu**
- Na audiência de instrução o interrogatório será o último ato da audiência, em caso de inversão há caso de nulidade **#ficaadica**
- No **Código de Processo Penal Militar** e na **Lei de Drogas** preveem o **interrogatório** como primeiro ato, entretanto, o **STF** entende que **prevalece o CPP à Lei Especial #detalhe**
- No **interrogatório** o silêncio não implica em confissão **#jahcaiu**
- O **interrogatório** do réu possui duas naturezas: meio de prova e meio de defesa **#jahcaiu**
- No **interrogatório** serão colhidas informações sobre filhos, suas idades, condição de saúde, nome e contato de eventual responsável por seu cuidado **#detalhe**
- Em decisão proferida nas Arguições de Descumprimento de Preceito Fundamental (ADPFs) 395 e 444 o plenário do STF decidiu por maioria de votos sobre a inconstitucionalidade do Art. 260, CPP que versa sobre a condução coercitiva de réu ou investigado **#ficaadica**
- O acusado, em seu **interrogatório** não tem obrigação de dizer a verdade pois não é obrigado a produzir prova contra si **#jahcaiu**
- Se utilizada como fundamento da sentença, a **confissão** será utilizada como atenuante nos termos da Súmula 545 **#STJSumulou**
- Em se tratando do crime de tráfico de drogas para se valer da **confissão** como atenuante é necessária a

admissão da finalidade específica, qual seja, a traficância, Súmula 630 **#STJSumulou**

- Os **documentos** podem ser juntados no processo a qualquer tempo, salvo no plenário do júri – deve ser juntado com no mínimo 3 dias úteis de antecedência **#ficaadica**
- Observando-se a ponderação de bens, será possível a utilização de **prova ilícita** em favor do acusado **#ficaadica**
- A interceptação telefônica somente será cabível com autorização judicial e só é possível em crimes punidos com reclusão **#jahcaiu**

Nulidades

- Todas as decisões judiciais devem ser fundamentadas sob pena de nulidade **#ficaadica**
- A **nulidade absoluta** pode ser **decretada** de **ofício** e a **qualquer tempo**
- A **nulidade relativa** deve ser arguida no **momento oportuno** sob pena de ser convalidada
- A ausência de defesa constitui nulidade absoluta. A defesa deficiente só gerará nulidade se restar comprovado prejuízo para a parte. **#STFsumulou**
- É relativa a nulidade do processo criminal por falta de intimação da expedição de precatória para inquirição de testemunha. **#STFsumulou**
- Constitui nulidade a falta de intimação do denunciado para oferecer contrarrazões ao recurso interposto da rejeição da denúncia, não a suprindo a nomeação de defensor dativo **#STFsumulou**

- Intimada a defesa da expedição da carta precatória, torna-se desnecessária intimação da data da audiência no juízo deprecado **#STJsumulou**

Sentença

- A alteração da definição jurídica sem mudança na descrição fática contida na denúncia ou queixa é chamada *emendatio libelli* **#jahcaiu**
- Ao fim da instrução probatória a modificação jurídica em razão de novas provas, elementos ou circunstâncias não constante da inicial acusatória recebe o nome de *mutatio libelli* **#jahcaiu**
- Em caso *mutatio libelli,* a denúncia deve ser editada pelo MP em 5 dias **#jahcaiu**
- A ausência de fundamentação na sentença é causa de nulidade **#jahcaiu**

Recursos

- Não existe recurso inominado no processo penal! Para cada situação, temos um recurso específico previsto **#detalhe**
- O princípio da **fungibilidade recursal** somente poderá ser aplicado se respeitado o **prazo** e estiver presente a **boa-fé** do agente. **#jahcaiu**

> **Efeito extensivo:** Decisão proferida em favor de um réu se estenderá aos demais desde que não seja fundado em caráter exclusivamente pessoal – Art. 580, CPP **#jahcaiu**

- **RESE, Agravo em Execução, Carta Testemunhável e Correição Parcial** terão **efeito iterativo #ficaadica**

  Efeito Iterativo = Efeito Regressivo = Efeito Diferido = Juízo de Retratação **#detalhe**

- Recursos **exclusivos da defesa:** A **situação do réu não** pode ser **piorada.** Recursos **exclusivos da acusação: situação pode** ser **melhorada**

- O **Ministério Público pode não recorrer,** mas uma vez **interposto recurso, não poderá** dele **desistir**

- ATT: No **JECRIM** o prazo da **apelação** será de **10 dias** para **interposição** e **razões** que devem ser apresentadas **juntas #naoconfunda #jahcaiu**

- A apelação será **interposta** em **5 dias, arrazoada** ou **contra-arrazoada** em **8 dias**

- Contra **apelação denegada,** será **cabível RESE** #**jahcaiu**

- Da decisão de **impronuncia** ou **absolvição sumária** será cabível **Apelação #ficaadica**

- Júri. Apelação. Condenação a pena igual ou superior a 15 anos: Não terá efeito suspensivo haja vista a possibilidade de execução provisória da pena. O efeito suspensivo, contudo, será observado se verificar não se tratar de recurso protelatório; se houver questão substancial que possa resultar em absolvição, anulação da sentença ou novo júri, bem como se houver possibilidade de redução de pena para patamar inferior a 15 anos **#novidade #pacoteanticrime**

- O pedido de concessão do efeito suspensivo à Apelação do Tribunal do Júri em condenação igual ou superior a

15 anos deve ser feita de forma incidental na Apelação ou ainda em petição em separado dirigida ao Relator da referida apelação. Deve conter a cópia da sentença condenatória, das razões da apelação e sua tempestividade, das contrarrazões e demais peças que fundamentem o pedido **#novidade #pacoteanticrime**

- Será cabível **RESE** da decisão que **rejeita a denúncia ou queixa.** No **JECRIM**, será **Apelação #naoconfunda**
- O RESE será **interposto** em **5 dias, arrazoado** ou **contra-arrazoado** em **2 dias**
- Em se tratando da **impugnação da lista de jurados,** no rito do júri, o **prazo do RESE** será de **20 dias** e o **endereçamento** deve ser ao **Presidente do TJ #naoconfunda**
- Da decisão que **rejeita a denúncia ou queixa** caberá **RESE.** No **JECRIM,** será **Apelação #naoconfunda**
- O **rol** do art. 581, CPP trata das hipóteses de **cabimento** do **RESE** é **taxativo. Exceção RESE** previsto no **CTB #prontofalei**
- **RESE** é o recurso cabível da decisão de **pronúncia** ou **desclassificação** no rito do **júri #naoconfunda**
- Da decisão, despacho ou sentença que recusar a homologação à proposta de acordo de não persecução penal, será cabível **RESE #novidade #pacoteanticrime**
- **Da decisão que concede ou denega Habeas Corpus será cabível o RESE, nos termos do Art. 581, X, CPP #jahcaiu**
- O **Agravo em Execução** é cabível das **decisões** proferidas em sede de **execução #detalhe**

- O prazo para **interposição** do **Agravo em Execução** será de **5 dias #STFsumulou**
- Os **Embargos Infringentes/de Nulidade** são recursos **exclusivos da defesa #detalhe**
- São **cabíveis** de **decisões não unânimes,** proferidas em **Apelação, RESE e Agravo em Execução** e devem ser opostos em 10 dias
- Os embargos de declaração serão opostos perante aquele que prolatou a decisão obscura, ambígua, contraditória ou omissa
- **Carta Testemunhável** é o recurso cabível da decisão que **nega provimento ou não recebe o RESE ou o Agravo em Execução – Art. 639, CPP #jacaiu**
- O **prazo** corre em **horas (48)** para **interposição** e em dias (2) para o oferecimento das **razões #ficaadica**
- A **interposição** será endereçada ao **Escrivão Diretor do Cartório**
- Da decisão denegatória de habeas corpus impetrado em última ou única instância perante os Tribunais Estaduais, Distritais ou Federais será cabível Recurso Ordinário Constitucional, conhecido como ROC. **#jahcaiu**
- Não se admite mandado de segurança para conferir efeito suspensivo a recurso criminal **#STJSumulou**

Ações Impugnativas

- HC, MS e Revisão Criminal são ações autônomas e não recursos **#ficaadica**

- HC não admite dilação probatória, não tem prazo e tutela a liberdade
- Não será cabível HC de sentença condenatória a pena de multa ou exclusivamente pecuniária **#STFsumulou**
- O HC não é admitido nos casos em que estiver extinta a pena privativa de liberdade **#STFsumulou**
- A Revisão criminal pode ser requerida pelo próprio réu e é instrumento exclusivo da defesa

  Do HC denegado em 1ª Instância será cabível o Recurso em Sentido Estrito. Do HC denegado em 2ª Instância será cabível o Recurso Ordinário Constitucional **#jahcaiu**
- A propositura da Revisão Criminal será possível ainda que extinta a punibilidade em razão do cumprimento da pena e mesmo nos casos em que o réu for falecido vez que será possível requerer indenização por erro do judiciário **#jahcaiu**

Legislação Especial

Lei 12850/13 Crime Organizado

- A colaboração premiada é um negócio jurídico processual e um meio de obtenção de prova, nos termos do Art. 3º **da Lei 12850/13**, sendo que os benefícios do colaborador estão descritos no Art. 4º da mesma lei
- Líderes de organizações criminosas armadas ou que tenham armas à disposição deverão iniciar o cumprimento da pena em estabelecimento prisional de segurança máxima **#novidade #pacoteanticrime**

- É vedada a concessão de benefícios da execução tais como progressão de regime e concessão de livramento condicional, entre outros, para integrantes de organizações criminosas que mantenham vínculo associativo com a organização **#novidade #pacoteanticrime**

Lei 11343/06 Drogas

- O porte de drogas é considerado IMPO e, portanto, terá será julgado no JECRIM **#naoconfunda**

  IMPO = Infração de Menor Potencial Ofensivo **#Macetao**

- O **usuário de drogas** não poderá ser preso em flagrante pois não recai sobre ele pena privativa de liberdade
- São penas previstas ao usuário: advertência, prestação de serviços ou medida educativa de comparecimento a programa ou curso educativo **#jahcaiu**
- Para a incidência da majorante prevista no art. 40, V, da Lei n. 11.343/2006, é desnecessária a efetiva transposição de fronteiras entre estados da Federação, sendo suficiente a demonstração inequívoca da intenção de realizar o tráfico interestadual **#STJsumulou**

Lei 11340/06 Maria da Penha

- As medidas protetivas de urgência poderão ser decretadas de ofício pelo juiz **#jahcaiu**
- Em se tratando de violência doméstica, a lei 11340/06 será aplicada mesmo após o término do relacionamento **#jahcaiu**

- Não são cabíveis aos crimes previstos na Lei 11340/06, a transação penal e a suspensão condicional do processo **#jahcaiu**
- Para a configuração da violência doméstica e familiar prevista no artigo 5° da Lei n. 11.340/2006 (Lei Maria da Penha) não se exige a coabitação entre autor e vítima **#STJsumulou**
- É inaplicável o princípio da insignificância nos crimes ou contravenções penais praticados contra a mulher no âmbito das relações domésticas **#STJsumulou**
- A prática de crime ou contravenção penal contra a mulher com violência ou grave ameaça no ambiente doméstico impossibilita a substituição da pena privativa de liberdade por restritiva de direitos **#STJsumulou**
- Verificada a existência de risco atual ou iminente à vida ou à integridade física ou psicológica da mulher em situação de violência doméstica e familiar, ou de seus dependentes, o agressor será imediatamente afastado do lar, domicílio ou local de convivência com a ofendida: pela autoridade judicial; pela autoridade policial – em caso de Município que não seja sede de Comarca; pelo policial – no caso de o Município não possuir Comarca e não houver Delegado de Polícia no momento da denúncia. **#novidade**

Lei 9613/98 Lei de Lavagem de Capitais

- A Lei 13964/19 passou a permitir utilização da ação controlada e infiltração de agentes para os crimes de lavagem ou ocultação de bens, direitos e valores **#novidade #pacoteanticrime**

- Ação controlada é o retardamento da intervenção da autoridade policial ou administrativa para que a prisão ocorra em outro momento que seja mais eficaz na coleta de provas e obtenção de informações. Ocorre mediante comunicação ao juiz competente que estabelecerá critérios e comunicará o Ministério Público **#novidade #ficaadica**

Lei 9296/96 Interceptação Telefônica

- A Lei 13964/19 possibilitou que ocorra interceptação telefônica ainda que não se trate de crime relacionado às organizações criminosas **#novidade #pacoteanticrime**
- São requisitos para que seja permitida a interceptação telefônica: impossibilidade de produção de provas por outros meios; razoáveis elementos probatórios de autoria e participação em infração penal com pena superior a 4 anos ou em se tratando de infração penal investigada no contexto de outro delito **#novidade #pacoteanticrime**
- A lícita a captação ambiental feita por um dos interlocutores da conversa **#novidade #pacoteanticrime**

Lei 7210/84 Execução Penal

- Os presos em **regime aberto não** serão beneficiados pela **remição**
- O **tempo remido** será considerado para fins de **Livramento Condicional e Indulto**
- O condenado punido com falta grave perderá os dias remidos

Aplica-se o regime disciplinar diferenciado ao preso provisório **#jahcaiu**

O **RDD terá prazo de 360 dias**, que poderá ser prorrogado por igual período desde que cumpridos os requisitos **#jahcaiu**

O preso em RDD terá direito a visitas semanais de 2 pessoas por até 2 horas **#jahcaiu**

O **RDD** somente poderá ser **decretado** por autoridade **judicial #jahcaiu**

- Em caso de concurso de crimes com penas e regimes distintos, será executada primeiro a pena mais grave
- O condenado a pena privativa de liberdade está obrigado ao trabalho na medida de suas aptidões e capacidade
- O preso em regime fechado poderá ser submetido a trabalho externo desde que cumpridos os requisitos **#jahcaiu**
- Constitui falta grave, recusar submeter-se ao procedimento de identificação do perfil genético **#novidade #pacoteanticrime**
- O exame criminológico para concessão da progressão de regime não é obrigatório, mas pode ser requisitado quando estritamente necessário **#ficaadica**
- É **vedado** o emprego de **cela escura #jahcaiu**
- Não são permitidas sanções coletivas
- Condenado estrangeiro também pode ser submetido ao RDD **#novidade #pacoteanticrime**

- O isolamento preventivo do preso faltoso poderá ser decretado pela autoridade administrativa por até 10 dias, importante ressaltar que em se tratando de RDD é necessário despacho da autoridade competente. **#jahcaiu**

- A duração do RDD com a vigência da Lei 13964/19 passa a ser de 2 (dois) anos sem prejuízo de repetição da sanção por nova falta grave de mesma espécie **#novidade #pacoteanticrime**

- As visitas ao preso em Regime Disciplinar Diferenciado passaram a ser quinzenais, com 2 pessoas por vez, em instalações que impeçam contato físico e passagem de objetos, por pessoa da família – para terceiros deve haver autorização judicial – com duração de 2 horas **#novidade #pacoteanticrime**

- As entrevistas com preso em RDD serão sempre monitoradas, salvo no caso do defensor **#novidade #pacoteanticrime**

- Haverá fiscalização do conteúdo de correspondência do preso em RDD **#novidade #pacoteanticrime**

- Em se tratando de preso em RDD as audiências serão realizadas preferencialmente por videoconferência, garantindo-se a presença do advogado junto a seu cliente **#novidade #pacoteanticrime**

- Além dos casos já previstos, será possível a decretação do RDD ao preso sobre o qual recaiam fundadas suspeitas de envolvimento ou participação e, organização/associação criminosa ou de milícia privada, independente da prática de falta grave **#novidade #pacoteanticrime**

- É **vedada** a **progressão** de **regimes** por **salto,** entretanto, neste mesmo sentido, **será possível a regressão**
- A lei 13769/18 altera o Art. 112, LEP e versa sobre a progressão de regime nos casos de condenada gestante ou responsável por criança ou pessoa com deficiência **#ficaadica**
- Nova Interpretação da Súmula 534, STJ: A prática de falta grave interrompe a contagem do prazo para a progressão do regime de pena, o qual se reinicia a partir do cometimento dessa infração (nova base: pena remanescente) **#pacoteanticrime #ficaadica**
- Não fere o contraditório e o devido processo legal decisão que, sem ouvida prévia da defesa, determine transferência ou permanência de custodiado em estabelecimento penitenciário federal **#STJSumulou**

Requisitos para concessão de Progressão de Regime

Antes	Atual
Infração Comum: 1/6 da pena **Crime Hediondo ou Equiparado** (réu **primário**): 2/5 da pena **Crime Hediondo ou Equiparado (reincidente** específico ou não): 3/5 da pena	**Infração Comum:** *Sem violência ou grave ameaça:* Primário: 16% da pena Reincidente: 20% da pena *Com violência ou grave ameaça:* Primário: 25% da pena Reincidente: 30% da pena **Hediondos ou Equiparados** Primário: (sem resultado morte): 40% da pena Primário: (com resultado morte): 50% da pena – vedado o livramento condicional Reincidente **específico:** (sem resultado morte): 60% da pena Reincidente **específico**: (com resultado morte): 70% da pena – vedado o livramento condicional Primário ou Reincidente (na prática de crime de organização criminosa estruturada para prática de crime hediondo ou equiparado ou condenado pela prática de crime de constituição de milícia privada): 50% da pena

- Não terá direito à saída temporária – Art. 122, LEP – o condenado à prática de crime hediondo com resultado morte **#novidade #pacoteanticrime**
- Para efeito de progressão de regime no cumprimento de pena por crime hediondo, ou equiparado, o juízo da execução observará a inconstitucionalidade do art. 2º da Lei n. 8.072, de 25 de julho de 1990, sem prejuízo de avaliar se o condenado preenche, ou não, os requisitos objetivos e subjetivos do benefício, podendo determinar, para tal fim, de modo fundamentado, a realização de exame criminológico **#STFsumulou**
- A falta de estabelecimento penal adequado não autoriza a manutenção do condenado em regime prisional mais gravoso, devendo-se observar, nessa hipótese, os parâmetros fixados no RE 641.320/RS **#STFsumulou**

DIREITO DO TRABALHO

SIMONE SOARES BERNARDES

Relação de trabalho (gênero): qualquer prestação de serviços praticada por uma pessoa física.	**Relação de emprego (espécie):** serviço prestado por pessoa física, com pessoalidade, não eventualidade, onerosidade e subordinação.
• **Autônomo:** desenvolve sua atividade com organização **própria,** iniciativa e discricionariedade. É permitida cláusula de exclusividade nesse contrato! • **Eventual:** presta serviços **ocasionalmente,** com subordinação de curta duração (diarista, chapa). "Nóis se vê por aí, nóis se vê por aí!"	• **Doméstico:** presta serviços, de finalidade não lucrativa, por mais de 2 dias na semana (#caimuito), para pessoa ou a família, no âmbito **residencial** destas ou qualquer espaço relacionado com o interesse pessoal ou familiar (babá, motorista, caseiro, acompanhante de idoso). • **Intermitente**: presta serviços sem continuidade, mas de natureza não eventual e pessoal, sob a direção do empregador e mediante pagamento de salário. É um trabalho descontínuo! **#deolhonareforma** • **Teletrabalhador**: desenvolve seus serviços preponderantemente **fora da sede** da empresa, com a utilização de tecnologias de informação e de comunicação **#deolhonareforma**

Relação de trabalho (gênero): qualquer prestação de serviços praticada por uma pessoa física.	**Relação de emprego (espécie):** serviço prestado por pessoa física, com pessoalidade, não eventualidade, onerosidade e subordinação.
• **Avulso:** trabalhador eventual, por curtos períodos de tempo, para vários tomadores, sem fixação a nenhum e com **interferência obrigatória** do sindicato profissional ou do órgão gestor de mão-de-obra (OGMO). Possui mesmos direitos do empregado permanente. **#jahcaiu** • **Representante comercial:** trabalhador autônomo, contratado para intermediar vendas do representado. É proibida a cláusula star del credere: o representante não pode ser fiador do comprador!	• **Hipersuficiente:** empregado com formação superior e com **salário** igual ou superior a 2X o limite máximo do INSS **#deolhonareforma** • **Terceirizado:** empregado de uma empresa prestadora de serviços que dirige e remunera seu trabalho, trabalho este que é aproveitado por um tomador (no seu estabelecimento ou em outro local) **#tahpracair** • **Temporário:** contratado por empresa de trabalho temporário (empregador), prestando serviços no estabelecimento do tomador. Cabimento: 1) necessidade de substituição transitória de pessoal regular e permanente; 2) demanda complementar de serviços **#tahpracair** • **Aprendiz:** prazo máximo do contrato é de **2 anos**, exceto Portador de Necessidade Especial – PNE. Idade de 14 a 24 anos, exceto PNE. Exige contrato escrito e salário mínimo hora, salvo previsão mais benéfica **#caimuito**

Contrato de trabalho

- Não pode ser exigida experiência maior que **6 meses**! "Que a vida é trem-bala, parceiro!"
    - É proibida coleta de dados que gerem discriminação entre candidatos ao emprego, ex. exame de gravidez, toxicológico, atestado de antecedentes criminais e análise de crédito (débito). Existem exceções legais como exame toxicológico para motorista profissional e atestado de antecedentes criminais para vigilante.
- É legítimo o reconhecimento de relação de emprego entre policial militar e empresa privada, independentemente do eventual cabimento de penalidade disciplinar prevista no Estatuto do Policial Militar **#caimuito**
- A **idade mínima** para que alguém seja contratado como empregada doméstica, aprendiz e no trabalho em subsolo é de, respectivamente, 18 anos, 14 anos e 21 anos **#jahcaiu**
- O trabalho **ilícito** (objeto é crime) não gera **nenhum efeito,** nem pagamento de salário "sai com uma mão na frente e outra atrás".
- O trabalho **proibido** (vedado por lei, mas não configura crime) tem 2 consequências: 1) **viola interesse do empregado** (ex. menor de 14): rescinde o contrato e mantém os efeitos já verificados; 2) **viola interesse público** (ex. ausência de concurso público): são devidos a remuneração pelas horas trabalhadas e FGTS **#caimuito**
- É proibida alteração contratual que gere **prejuízo** ao empregado.

- É permitida a **reversão:** retorno do empregado que exerce função de confiança ao cargo efetivo anteriormente ocupado. "Eu voltei, voltei para ficar, pois aqui, aqui é meu lugar".
- Em caso de reversão, o empregado não incorpora mais a **gratificação de função,** independentemente do tempo de serviço na função **#deolhonareforma**
- Apenas a **transferência provisória** gera direito ao adicional de transferência (25% do salário)! Quem vai de "mala e cuia" recebe apenas despesa de transferência! **#caimuito**
- É vedada a transferência **unilateral,** sendo exigido o consentimento do empregado. É cabível para: 1) exercentes de cargo de confiança, havendo necessidade de serviço; 2) natureza do serviço pressupõe a transferência e há necessidade do serviço; 3) extinção do estabelecimento; 4) sempre que exista real necessidade do serviço. **#jahcaiu**
- **Alteração de regulamento** só vale para os empregados admitidos após a alteração. Se coexistirem 2 ou mais regulamentos: empregado escolhe um! "Melhor um passarinho na mão do que dois voando".
- **Suspensão do contrato de trabalho:** cessação temporária dos principais efeitos do contrato (salário e serviços). Ex: faltas injustificadas, auxílio-doença (após o 16° dia), serviço militar, afastamento para participação em curso de qualificação profissional e para exercício de cargo de dirigente sindical, etc.
- Suspensão do empregado por mais de **30 (trinta) dias consecutivos:** vira dispensa injusta! "Estou indo embora, a mala já está lá fora!"

- **Interrupção do contrato de trabalho:** cessação temporária da prestação de serviços pelo empregado, mantendo-se, entretanto, as **obrigações** patronais (principalmente salário). Ex: férias, feriados, RSR, licença-paternidade, licença-maternidade, faltas justificadas, aborto comprovado por atestado médico oficial e outros.
- É considerada falta justificada até **3 (três) dias**, em cada 12 (doze) meses de trabalho, em caso de realização de exames preventivos de câncer devidamente comprovada **#novidade**

> **Efeitos jurídicos da suspensão e interrupção:**
> 1) garantia de **retorno** ao cargo anteriormente ocupado;
> 2) garantia da percepção de todas as **vantagens** que, na ausência do empregado tenham sido atribuídas à categoria;
> 3) vedada a **dispensa** do empregado, exceto por justa causa.

- O **contrato por prazo determinado** é cabível: I) serviço cuja natureza ou **transitoriedade** justifique a predeterminação do prazo, ex. Aumento de vendas do natal; II) atividades empresariais de caráter **transitório**, ex. loja que vende apenas artigos natalinos; III) contrato de **experiência**; IV) previsão **legal**, ex. atleta profissional de futebol; V) contrato provisório (Lei nº 9.601/1998).
- O prazo limite para o contrato por prazo determinado é: I) 2 anos para os contratos por prazo determinado (celetista); II) 90 dias para contrato de experiência; III) o limite fixado nas leis consolidadas.

- A prorrogação do contrato por prazo determinado é admitida uma **única vez**, desde que não extrapole o prazo máximo admitido para o contrato. Se ocorrer sucessão de contratos dentro de **6 meses**, o contrato será considerado por prazo **indeterminado.**
- Se o empregado é contratado justamente para desenvolver um produto, a invenção pertence exclusivamente ao empregador "o combinado não sai caro". **#caimuito**
- O contrato de intermitente deve ser **escrito**, com o valor da hora de trabalho, que não pode ser inferior ao valor horário do salário mínimo ou àquele devido aos demais empregados na mesma função (intermitente ou não) **#tahpracair**
- O intermitente é convocado para trabalhar por qualquer meio idôneo (Manda um zap!), com antecedência mínima de **3 dias corridos** e deve responder se aceita em **1 dia útil** ("vai ser sim ou não, ou não"). O silêncio presume recusa!
- Aceita a oferta para o comparecimento ao trabalho, aquele que descumprir, sem justo motivo, pagará multa de **50% da remuneração** que seria devida, em 30 dias, permitida a compensação em igual prazo. **#tahpracair**
- O hipersuficiente pode negociar várias cláusulas do seu contrato (Diferentão!).
- Para usar a arbitragem, o conceito de hipersuficiente é mais simples: basta **remuneração** superior a 2x o limite do INSS e não precisa de diploma!
- Para migrar do regime presencial para o teletrabalho, é necessário mútuo consentimento e registro em aditivo contratual. **#tahpracair**

- Para migrar do teletrabalho para o presencial, é necessário determinação do empregador, prazo de transição mínimo 15 dias e registro em aditivo contratual. **#jahcaiu**
- O grupo econômico pode ser **por subordinação ou horizontal** (empresa sob direção, controle ou administração da outra) ou **por coordenação ou vertical** (cada empresa guarda sua autonomia). "Mas você pode ser, então, um pedacinho do meu esquema".
- Para caracterizar grupo econômico não basta **identidade de sócios**! O grupo econômico gera um único contrato de trabalho!
- O sucessor responde pelos contratos já **encerrados** antes da sucessão! "Toma que o filho é seu!"
- O sócio retirante responde nas ações ajuizadas **até 2 anos** da averbação da alteração da empresa. Depois disso, "bejim, bejim, tchau, tchau!".
- CTPS tem que ser assinada em 5 (cinco) dias úteis senão cabe multa. A CTPS será emitida pelo Ministério do Trabalho preferencialmente em meio eletrônico e a comunicação do CPF, pelo empregado, equivale à apresentação da CTPS em meio digital **#novidade**
- Contratação pela administração pública sem prévio concurso: só paga as **horas trabalhadas e FGTS. #detalhe**
- Os bens juridicamente tutelados inerentes à **pessoa natural** são: a honra, a imagem, a intimidade, a liberdade de ação, a autoestima, a sexualidade, a saúde, o lazer e a integridade física. **#deolhonareforma**
- Consideram-se acidentes do trabalho: os acidentes típicos, a doença profissional, a doença do trabalho e

as hipóteses definidas em lei a ele equiparadas. Nos períodos destinados a refeição ou descanso, ou por ocasião da satisfação de outras necessidades fisiológicas, no local do trabalho ou durante este, o empregado é considerado no exercício do trabalho. **#jahcaiu**

Terceirização e temporário

- O dono da obra não responde pelas verbas trabalhistas do empregado do empreiteiro ou do subempreiteiro, salvo se for uma **empresa construtora ou incorporadora. #jahcaiu**
- É lícita a **terceirização** na atividade-fim! "Vale, vale tudo, vale o que vier, vale o que quiser"
- É **proibido** contratar **temporário** para substituir empregado em **greve** ou estrangeiro com visto **provisório.**
- O temporário pode ser contratado por **180dias,** no máximo. Pode haver prorrogação por até **90 dias.** Após esse prazo, a recontratação tem que aguardar **90 dias,** sob pena de caracterizar vínculo com o tomador.
- Temporário tem direito à remuneração **equivalente** à do empregado da tomadora. Para o terceirizado isso é apenas facultativo! **#naoconfunda**
  - não é possível a equiparação de direitos trabalhistas entre terceirizados e empregados de empresa pública #quentinhadoSTF
- Na terceirização **lícita** (temporário também), o tomador responde **subsidiariamente** pelas verbas trabalhistas, inclusive se for Administração Pública. Quem tem o bônus, paga pelo ônus!

- Na terceirização **ilícita,** o tomador responde **solidariamente** e o **vínculo** empregatício se forma com o **tomador,** exceto se ele for Administração Pública porque esta exige concurso prévio.
- Em caso de **falência** da prestadora do trabalho temporário, a tomadora responderá **solidariamente,** o que não se aplica para terceirizado! **#naoconfunda**

#musiquinha – melodia – "DESPACITO"

TEM-PO-RÁ-RIO
Trabalha para o tomador,
mas não é seu empregado,
só que tem direito
ao mesmo salário.
TEM-PO-RÁ-RIO
Na sentença, o tomador
é responsável subsidiário,
mas se a prestadora falir,
fica responsável solidário.
TEM-PO-RÁ-RIO
180 dias é o prazo máximo,
Por até 90 dias pode ser prorrogado,
Só depois de outros 90 dias para ser recontratado,
Caso contrário vira seu empregado.
TEM-PO-RÁ-RIO

Remuneração

- A parcela de participação nos lucros ou resultados, habitualmente paga, não integra a remuneração do empregado. **#jahcaiu**

- É vedada a redução do salário nominal (não é do valor aquisitivo), exceto: 1) negociação coletiva; 2) salário-condição (recebido em razão de uma condição específica, ex. adicional de insalubridade).
- A gorjeta não integra a base de cálculo das parcelas baseadas no salário como aviso prévio, adicional noturno, horas extras e o DSR. **#tstsumulou**
- É vedada a redução do salário nominal exceto **negociação coletiva** e **salário condição** (ex: pago em razão de condição mais gravosa como adicional de insalubridade). **#caimuito**
- É vedado **desconto salarial,** exceto: 1) previsão legal ou contrato coletivo; 2) adiantamentos; 3) dano doloso; 4) dano culposo, com **autorização** do empregado; 5) com autorização escrita prévia para ser integrado em planos de assistência odontológica, médico-hospitalar, de seguro, de previdência privada, ou de entidade cooperativa, cultural ou recreativo-associativa de seus trabalhadores, em seu benefício e de seus dependentes, salvo se ficar demonstrada a existência de vício na autorização. **#caimuito**
- É vedado descontar do **doméstico** a alimentação, vestuário, higiene ou moradia, despesas com transporte, hospedagem e alimentação em caso de acompanhamento em viagem. **#detalhe**
- A equiparação salarial exige: identidade de função, de empregador e de estabelecimento, além da simultaneidade no exercício da função. Não basta trabalhar na mesma localidade, tem que ser no mesmo estabelecimento! **#ficadica**

- Fatos que obstam a equiparação: diferença de perfeição técnica (aspecto qualitativo), diferença de produtividade (aspecto quantitativo), diferença de tempo **na função** não superior **a 2 anos** e diferença de tempo **no emprego** não superior **a 4 anos**, quadro de carreira ou plano de cargos e salários. Não precisa mais de quadro de carreira homologado pelo MTE! **#ficadica**

- Na substituição **temporária,** inclusive nas férias, o substituto fará jus ao salário contratual do substituído. Na substituição **definitiva**, não há obrigação de manter o mesmo salário. **#naoconfunda**

- O **desvio de função** exige quadro de pessoal organizado em carreira ou que o empregador faça escalonamento em cargos ou funções específicas, com remuneração diferenciada. **#jahcaiu**

- **Salário-utilidade ou *in natura*:** benefício fornecido pelo trabalho, habitualmente e em caráter contra-prestativo. Limitado a 25% (20% para rural) para a **habitação** e 20% (25% para rural) para a **alimentação,** observado o salário contratual (salário mínimo para rural). **#macetao**

- A habitação, energia elétrica e veículo fornecidos pelo patrão e indispensáveis para a realização do trabalho não têm natureza salarial!

- Adicional de insalubridade é calculado sobre o **salário mínimo,** exceto previsão diversa em contrato ou norma coletiva. 10% (mínimo), 20% (médio) e 40% (máximo).

- Adicional de periculosidade é de 30% e calculado sobre o **salário básico.**

- As diárias não integram o salário, mesmo se excederem 50% do salário percebido pelo empregado **#tahpracair**
- É devido **salário-maternidade** de **120 dias** para a mãe, inclusive aquela que adotar ou obtiver guarda judicial para fins de adoção de criança (no caso de adoção, é indiferente a idade da criança). Não tem natureza salarial! **#jahcaiu**

Duração do trabalho

- Teletrabalhador não tem direito a hora extra! **#deolhona-reforma**
- O tempo de **deslocamento** da residência do empregado ao local de prestação de serviços e vice-versa não integra a jornada de trabalho! **#deolhonareforma**
- Jornada máxima legal: **8 h dia e 44 h semanais.**
- A obrigatoriedade do registro da jornada em cartão de ponto existe para empresas cujo **estabelecimento** tenha mais de **20 empregados #novidade**
- o regime **12 x 36** somente pode ser adotado por **negociação coletiva** ou, apenas no caso das **entidades atuantes no setor de saúde** também poderá ser adotado por **acordo individual #naoconfunda**
- A duração diária do trabalho poderá ser acrescida de horas extras, em número não excedente de **duas** (esse limite não se aplica para doméstico).
- A compensação tradicional deve ocorrer dentro do **mês** e pode ser ajustada por **acordo individual** (tácito ou escrito) ou **negociação coletiva #deolhonareforma**

- Para o doméstico, basta acordo e o pagamento das primeiras 40 horas extras ou a compensação dessas primeiras 40 horas **no mês.**
- A violação de regras da **compensação** de jornada, inclusive se fixada por **acordo tácito** gera apenas o pagamento do adicional sobre as horas extras diárias, desde que não ultrapassado o limite semanal.
- A prestação de **horas extras habituais** não descaracteriza o acordo de compensação de jornada e o banco de horas. **#deolhonareforma**
- Pode ser ajustado banco de horas para **um ano,** por **negociação coletiva,** observando o limite diário de **10 horas. #deolhonareforma**
- O banco de horas poderá ser ajustado por **acordo individual escrito,** desde que a compensação ocorra no máximo em **6 meses. #deolhonareforma**
- A prorrogação da jornada por **necessidade imperiosa** não está mais condicionada à **comunicação do fato ao MTE. #deolhonareforma**
- A jornada **12 x 36 horas** pode ser adotada em ambientes insalubres, **independentemente** de autorização do Ministério do Trabalho! **#deolhonareforma**
- Quem trabalha no regime de 12x36 horas já tem compensado os dias do repouso semanal e feriados.
- **Adicional noturno:** 20% para o urbano (para rural, 25%) durante o horário noturno de 22h às 5h (para rural, na pecuária das 20h às 4h e na agricultura, de 21h às 5h). **#ficadica**

- O limite legal é de **12 h** de **prontidão** e será remunerado à base de **2/3** do salário hora normal.
- O limite legal é de **24 h** de **sobreaviso** e será remunerado à base de **1/3** do salário hora normal.
- O mero uso de instrumentos telemáticos ou informatizados (ex. celular ou Ipad) não caracteriza o regime de sobreaviso. **#ficadica**
- As férias, inclusive para contratos **de tempo** parcial é de **30 dias**. Para os intermitentes é de **um mês.** "Ora bolas, não me amole, com esse papo de emprego!"
- É vedado o início das férias no período de **dois dias** que **antecede** feriado ou dia de repouso semanal remunerado. **#deolhonareforma**
- Com o OK do empregado (inclusive menor de 18 e maior de 50), as férias podem ser fracionadas em até **3 períodos**: um deles não poderá ser menor que **14 dias corridos** e os demais não poderão ser inferiores a **5 dias corridos,** cada um.
- Para os domésticos, as férias podem ser fracionadas em até **2 (dois) períodos**, sendo 1 (um) deles de, no mínimo, **14 (quatorze) dias corridos.**
- É permitida **a conversão de 1/3 das férias** em pecúnia nos contratos sob o regime **de tempo** parcial. **#novinha**
- **Turno ininterrupto:** trabalho com **alternância de turnos** (manhã, tarde, noite), ainda que apenas em dois turnos. Jornada máxima de **6h**, que pode subir para **8h** com negociação coletiva.
- **Intervalo interjornada:** tempo de descanso entre duas jornadas de trabalho consecutivas (mínimo de 11hs).

- **Intervalo intrajornada:** concedido durante a jornada de trabalho. Jornadas acima de **4h e até 6horas**: intervalo mínimo de **15 minutos.** Jornadas **acima de 6 horas,** intervalo mínimo de **1 hora e máximo de 2 horas.**
- O intervalo intrajornada poderá ser reduzido por **norma coletiva,** observado o mínimo de **30 minutos**! "A paradinha aaaahhhhh, A paradinha ah ah ah ah..."
- Para **domésticos,** o intrajornada (de 1 a 2 h) poderá ser reduzido mediante ajuste para 30 minutos ou fracionado em 2 períodos, cuja soma, seja no máximo de 4 horas **#ficadica**
- No regime 12 x36 horas para qualquer empregado (doméstico também), a lei autoriza que o intervalo intrajornada seja **observado ou indenizado. #deolhonareforma**
- A supressão do intervalo intrajornada, ainda que parcial, dá direito a receber apenas o **período suprimido,** de forma **indenizatória** com acréscimo de 50% sobre a hora normal. **#deolhonareforma**

Rescisão contratual

Verbas rescisórias devidas:

1) **demissão:** saldo de salário, férias vencidas e proporcionais e 13° proporcional.
2) **dispensa sem justa causa:** saldo de salário, férias vencidas e proporcionais, 13° proporcional; aviso prévio (trabalhado ou indenizado), 40% do FGTS, saque do FGTS e guias do seguro-desemprego.
3) **justa causa:** saldo de salário e férias vencidas.

4) **rescisão indireta:** saldo de salário, férias vencidas e proporcionais, 13° proporcional; aviso prévio (trabalhado ou indenizado), 40% do FGTS, saque do FGTS e guias do seguro-desemprego.
5) **culpa recíproca:** saldo de salário, férias vencidas, 1/2 do aviso prévio, 1/2 do 13° proporcional,1/2 das férias proporcionais, 1/2 da multa do FGTS e saque do FGTS.
6) **distrato:** 1/2 do aviso prévio, se indenizado; 1/2 da multa de 40% do FGTS; na integralidade, as demais verbas trabalhistas; levantamento de 80% dos depósitos do FGTS.

- Se o patrão rompe contrato a termo **antes** do prazo contratual pagará **indenização** de metade da remuneração que teria direito até o fim do contrato por prazo determinado.
- A **justa causa** somente pode ser aplicada se for **imediata** à conduta irregular do empregado, sob pena de perdão tácito. **#ficadica**
- Nova modalidade de justa causa: Perda da habilitação ou dos requisitos estabelecidos em lei para o exercício da profissão, em decorrência de conduta dolosa do empregado. ***#deolhonareforma***
- O acerto rescisório pode ser em dinheiro, depósito bancário ou cheque visado (esse último não pode para o analfabeto). ***#deolhonareforma***
- O acerto rescisório e entrega dos documentos devem ser realizados em **10 dias,** sob pena de **multa.** ***#deolhonareforma***

- Não é mais necessária a homologação da rescisão contratual, exceto demissão do empregado estável. ***#deolhonareforma***
- As partes podem firmar **termo de quitação anual** perante o sindicato, na vigência ou não do contrato, com **eficácia liberatória** das parcelas nele especificadas ***#deolhonareforma***
- A **dispensa discriminatória** faculta ao empregado a reintegração com ressarcimento do período afastado ou a percepção, em **dobro**, da remuneração do período de afastamento. "É hoje que ele paga todo mal que ele te fez"
- O **aviso prévio** é de **30 dias** para aqueles que contem até 1 (um) ano de serviço, acrescidos 3 (três) dias por ano de serviço, até o máximo de 60 (sessenta) dias, perfazendo um total de até 90 (noventa) dias.
- Mesmo **dispensando** o empregado de cumprir o aviso prévio, o empregador terá que pagá-lo, salvo se comprovar que empregado obteve novo emprego.
- O registro da candidatura do empregado a cargo de dirigente sindical durante o período de **aviso prévio**, ainda que indenizado, não lhe assegura a estabilidade.
- O patrão é quem deve recolher o FGTS e não pode descontar do empregado. "Ema, ema, ema, cada um com seus problemas!"
- É vedada a dispensa arbitrária ou sem justa causa da **gestante** (e do empregado adotante ao qual tenha sido concedida guarda provisória para fins de adoção), desde a confirmação da gravidez até **cinco meses** após o parto, *mesmo em* contrato por tempo determinado, inclusive

de experiência. Atenção: essa garantia de emprego não se aplica no caso de **trabalho temporário #caimuito** ***#deolhonareforma***

- O **acidentado do trabalho** tem garantia de emprego por mínimo de **12 (doze) meses** após a cessação do auxílio-doença acidentário, independentemente de percepção de auxílio-acidente. **#caimuito**
- É vedada a dispensa do empregado desde o **registro da candidatura** a cargo de direção ou representação sindical (limite de 7 dirigentes sindicais e 7 suplentes) e, se eleito, ainda que suplente, até um ano após o final do mandato, salvo se cometer falta grave. **#caimuito**
- O dirigente sindical tem estabilidade mesmo que a comunicação do registro da candidatura ou da eleição e da posse seja feita fora do prazo legal, desde que seja provado que o patrão ficou sabendo!
- É vedada a dispensa do membro da Comissão de Representantes dos Empregados e do empregado eleito para direção de **CIPA**, desde o **registro** de sua candidatura até **um ano** após o final de seu mandato. Não se aplica para os membros da CIPA indicados pelo patrão!
- Em caso de suspensão contratual, não é devido o recolhimento do FGTS, salvo nos casos de afastamento por **acidente de trabalho** e para prestação do **serviço militar. #jahcaiu**
- A quitação mediante adesão do empregado ao PDV alcança **todas as verbas** devidas em decorrência da execução e extinção do contrato de trabalho, exceto disposição em contrário estipulada entre as partes. **#deolhonareforma**

MEDIDAS DO CORONAVÍRUS

São medidas do Programa Emergencial de Manutenção do Emprego e da Renda: I - o pagamento do Benefício Emergencial de Preservação do Emprego e da Renda; II - a redução proporcional de jornada de trabalho e de salário; e III - a suspensão temporária do contrato de trabalho.

O Benefício Emergencial de Preservação do Emprego e da Renda será: (i) custeado com recursos da União, (ii) de prestação mensal e (iii) devido a partir da data do início da redução da jornada de trabalho/salário ou da suspensão temporária do contrato de trabalho.

Requisitos da redução de jornada: 1) o valor do salário-hora de trabalho deve ser preservado; 2) convenção coletiva de trabalho, acordo coletivo de trabalho ou acordo individual escrito; 3) na hipótese de acordo individual escrito, a proposta será encaminhada ao empregado com antecedência de, no mínimo, 2 dias corridos e os percentuais possíveis de redução são 25%, 50% e 70%.

Requisitos da suspensão do contrato: 1) convenção coletiva de trabalho, acordo coletivo de trabalho ou acordo individual escrito que será encaminhada ao empregado com antecedência de, no mínimo, 2 (dois) dias corridos.

O empregado que estiver recebendo o Benefício Emergencial de Preservação do Emprego e da Renda tem garantia provisória no emprego após o fim da suspensão do contrato ou redução da jornada, por período equivalente ao acordado para a redução ou a suspensão. No caso da gestante, a contagem desse prazo se dá após o término da garantia provisória de emprego da gestante.

Direito coletivo

Formalidades da greve:

1) Real tentativa de negociação coletiva;
2) Assembleia geral para definir as reivindicações e deliberar sobre a paralisação;
3) Aviso prévio ao empregador com antecedência mínima de **48hs (de 72hs** serviços e atividades essenciais);
4) Atendimento às necessidades inadiáveis quando tratar-se de greve em serviços ou atividades essenciais.

- As **convenções coletivas** são firmadas com sindicatos de empregados e sindicatos de empregadores. O **acordo coletivo** é pelo empregador e sindicato dos empregados. **#naoconfunda**
- A duração máxima das normas coletivas é de **2 anos,** vedada a ultratividade. **#deolhonareforma**
- Em caso de conflito, as normas do acordo coletivo prevalecerão sobre as normas da convenção coletiva. "Eu tenho a força, sou invencível".
- É obrigatória a participação dos **sindicatos** em negociações coletivas de trabalho, o que não pode ser suprido pela Comissão de Representantes de Empregados.
- Os empregados com contratos suspensos, a prazo fixo e em regime de aviso prévio não são elegíveis para a **Comissão de Representantes de Empregados.** A eleição é **secreta** e será convocada com antecedência mínima de **30 dias. #deolhonareforma**

- Não existe mais contribuição sindical **obrigatória!** "Acabooouuooouuu, aaaacaaabou... Acabooouuooouuu, aaaacaaabou"
- O dissídio coletivo somente poderá ser instaurado pelo Ministério Público do Trabalho em caso de **greve em atividade essencial**, com possibilidade de lesão do interesse público.

DIREITO PROCESSUAL DO TRABALHO

Simone Soares Bernardes

Competência, despesas processuais

- A competência territorial é fixada com base no **local da prestação de serviços**, ainda que a contratação tenha ocorrido noutro local.
- Para o **agente ou viajante comercial**, a competência é da vara onde a empresa tenha **agência** e o empregado esteja **subordinado** e, na falta, será do **domicílio** dele ou local mais próxima. **#jahcaiu**
- A competência é da **Justiça Brasileira** para empregado brasileiro que trabalha no exterior, exceto com convenção internacional em contrário.
- Em caso de **atividades itinerantes,** a competência será a do local da **celebração** do contrato ou no da **prestação do serviço.**
- A Justiça do Trabalho não é competente para julgar processos: de contrato de **previdência complementar privada, de acidente do trabalho contra o INSS, de representante comercial, de cobrança de honorários de profissional liberal, envolvendo questões de concurso para emprego público e ações penais! #naoconfunda**
- À Justiça Trabalhista compete julgar ações sobre **representatividade sindical** (ex. cobrança de contribuição

sindical) e atividade **fiscalizatória** do MTE (ex. anulatória de auto de infração). **#jahcaiu**

- A Justiça do Trabalho só pode executar INSS relacionado com acordos e condenações que proferir. Não tem competência para executar INSS sobre verbas já quitadas durante o contrato (ex.: salário "por fora" ou reconhecimento de vínculo). **#naoconfunda**
- Cabe exceção de incompetência territorial em **5 dias**, a contar da notificação, antes da audiência e em peça que sinalize a existência desta exceção. Gera suspensão do processo! **#deolhonareforma**
- As custas (2% da condenação) devem ser pagas pelo vencido, **após o trânsito** em julgado da decisão. Valor mínimo: **R$10,64**. Máximo: **4 x o teto do INSS.**
- Em caso de acordo, as custas serão divididas em partes iguais pelos litigantes, exceto se combinado de outra forma. **#jahcaiu**
- No arquivamento causado pelo reclamante, este arcará com **custas**, mesmo se beneficiário da justiça gratuita, exceto se comprovar justo motivo em **15 dias**. Sem pagar as custas, ele não pode entrar com outra ação! **#deolhonareforma**
- Isentos de custas: a) beneficiário da justiça gratuita; b) Entes federativos (exceto sociedades de economia mista e empresa pública); c) autarquias e fundações públicas que não exploram atividade econômica **#detalhe**
- Presume-se pobre quem ganha salário igual ou inferior a **40% do teto do INSS** e pode ter justiça gratuita de ofício. Quem ganha acima, tem que provar pobreza para ter o benefício. **#deolhonareforma**

- É ilegal a exigência de **depósito prévio** para custeio dos honorários periciais, mas eles podem ser parcelados!
- Quem paga honorários periciais é a parte **sucumbente** no objeto da perícia, **mesmo** se beneficiária da Justiça Gratuita.
- A União somente pagará os honorários periciais, quando o beneficiário da justiça gratuita não ganhar dinheiro suficiente para pagar, ainda que em outro processo.
- Os honorários do assistente são de responsabilidade de quem contratou! **#jahcaiu**
- São devidos honorários **sucumbenciais** ao advogado (5% a 15%), ainda que atue em causa própria, inclusive na reconvenção e mesmo se o sucumbente for beneficiário da justiça gratuita. **#deolhonareforma**
- Os honorários sucumbenciais podem se recíprocos, sendo vedada a compensação!
- Se o autor não ganhar nada no processo, os honorários sucumbenciais ficarão suspensos e só serão executados se o credor provar dentro de **2 anos** que o devedor tem condições de pagar. Se isso não acontecer extingue-se o crédito. "E aí, já era".
- Empregado e empregador podem entrar com pedido de homologação de **acordo extrajudicial**, em petição **conjunta**, assinada pelos interessados com advogados **diferentes.** Dentro de 15 dias, o juiz analisa o acordo e se achar necessário designa audiência, proferindo a sentença homologando ou não **#acaboudecair**

- A parte pode demandar em juízo, sem advogado, exceto na ação rescisória, na ação cautelar, no mandado de segurança e nos recursos de competência do TST. ***#caimuito***

> **Perempção:** empregado perde direito de ajuizar nova ação durante 6 meses, quando:
>
> 1) No caso de **reclamação verbal,** se o autor não se apresentar, em **5 dias**, ao Juízo para fazê-lo tomar por termo;
> 2) O autor que, por **duas vezes seguidas**, der causa ao **arquivamento** da reclamação por ausência **injustificada** à audiência inaugural de cada um dos processos.

- É obrigatório **liquidar** todos os pedidos da inicial, inclusive no ordinário, sob pena de extinção! Não liquidou, dançou!
- Cabe reclamação plúrima quando houver identidade de matéria e de empregador. **Tamojunto!**
- A nomeação de advogado com poderes para o **foro em geral** poderá ser efetivada mediante simples registro na ata de audiência, a requerimento verbal do advogado interessado e com a anuência da parte representada. Simples assim!
- O parto ou a adoção geram suspensão dos processos daquele advogado (a) que for único procurador nos autos.
- Ausente o **Reclamante** ou ambas as partes na audiência inicial: **ARQUIVO!**

- **Reclamado** ausente na audiência inicial: se o seu advogado comparecer, serão aceitos a contestação e documentos. A lei não é clara se aplica confissão **#deolhonareforma**

#musiquinha – melodia – "Atirei o pau no gato"

Audiência inicial sem reclamado-do
Mas seu advogado-do
Compareceu-ceu-ceu
E pediu juntada-da
Da defesa e documento-to
E o juiz deferiu
Deferiu
E o reclamante é quem não curtiu!
MIAU!

- Se o processo for arquivado 2 vezes seguidas por ausência injustificada do autor ocorrerá a perempção: não vai poder entrar de novo na justiça por 6 meses! "Bobeou, dançou!".
- É vedada a **desistência** depois de ofertada a **contestação,** ainda que eletronicamente! **#deolhonareforma**
- Para qualquer parte **pessoalmente** intimada para ser ouvida em audiência em prosseguimento será aplicada **confissão ficta,** desde que **expressamente** advertida. #detalhe
- Ambas as partes ausentes na audiência de prosseguimento: CONFISSÃO FICTA PARA AMBAS e sentença conforme as regras do ônus da prova. "Ema, ema, ema, cada um com seus problemas!".

- Depois da primeira tentativa de conciliação, o réu apresentará sua defesa no prazo de 20 minutos. Na prática, a defesa é por escrito.
- Não é mais obrigatório que o preposto seja **empregado** da parte reclamada! **#deolhonareforma**
- As testemunhas serão apresentadas **espontaneamente** pela parte. Não existe rol de testemunha! **#detalhe**
- No ordinário, caso a testemunha se recuse a comparecer, a parte irá pedir ao juiz sua intimação. No sumaríssimo, tem que comprovar que convidou a testemunha! "Se você não vem, eu vou botar pressão".
- O rito é sumaríssimo quando o valor da causa não exceder **40 x o salário mínimo!**
- No sumaríssimo é vedada a citação por **edital** e não é cabível quando parte é Administração Pública direta, autárquica e fundacional.
- Número máximo de testemunhas: **RITO ORDINÁRIO: 3, RITO SUMARÍSSIMO: 2, INQUÉRITO PARA APURAÇÃO DE FALTA GRAVE: 6. #macetao**
- Cabe reconvenção quando existir **conexão** com o feito principal e **competência** do juízo. Pode ser incluído terceiro estranho à lide principal. **#jahcaiu**
- O juiz poderá inverter o ônus da prova em decisão **fundamentada** antes de abrir a instrução e deverá deferir o **adiamento** da audiência (se houver pedido) para permitir a outra parte fazer prova. **#deolhonareforma**
- O empregador **doméstico** e o empregador que conta com mais de **10 (dez) empregados** tem obrigação de

registrar a **jornada** de trabalho. Se não apresentar os cartões, será presumida verdadeira a jornada da inicial **#macetao**

- Cartões de ponto britânicos são inválidos! **#detalhe**
- O incidente de desconsideração da personalidade jurídica exige prova de **fraude ou abuso** da personalidade jurídica e **confusão** patrimonial.

Recursos

- As decisões interlocutórias não estão sujeitas a recurso imediato. "Aqui não tem chororô"!

> Cabe recurso contra decisão interlocutória apenas:
> 1) do TST contrária a Súmula ou OJ do TST;
> 2) suscetível de impugnação para o mesmo tribunal;
> 3) que acolhe exceção de incompetência em razão do lugar, remetendo o feito para TRT diverso;
> 4) de julgamento antecipado parcial do mérito.

- Se a decisão interlocutória ferir direito líquido e certo, a parte pode impetrar **mandado de segurança**, desde que não caiba outro recurso. "Salvo pelo gongo"!
- Para recorrer tem que recolher as custas e fazer o depósito recursal, sob pena de **deserção.** "Bobeou, dançou"!
- **Custas** recolhidas a menor gera **deserção** se o recorrente, intimado através do advogado, não complementar em 5 dias! "Last call"!
- **Depósito recursal:** visa garantir **futura execução.** Só é devido para condenação em dinheiro e não se aplica para o empregado recorrente.

- Não precisa fazer **depósito recursal**: beneficiários da justiça gratuita, entidades filantrópicas e as empresas em recuperação judicial. A exceção é que confirma a regra"!
- O depósito recursal será reduzido pela **metade** para: entidades sem fins lucrativos, empregadores domésticos, microempreendedores individuais, microempresas e empresas de pequeno porte. **#deolhonareforma**
- O depósito recursal poderá ser substituído por **fiança bancária** ou **seguro garantia judicial. #deolhonareforma**
- **Não é exigido depósito recursal para o Recurso Extraordinário #deolhonoSTF**
- O recolhimento da multa por **litigância de má-fé** não é exigido para interpor recurso trabalhista. **#detalhe**
- Todos os recursos trabalhistas têm prazo de **8 dias,** exceto Embargos de Declaração, cujo prazo é de **5 dias. #macetao**
- **Recurso de Revista – RR:** tem natureza **extraordinária,** cabível em face dos acórdãos proferidos pelos TRT's em dissídios individuais.
- No **sumaríssimo,** o RR só é admitido por contrariedade a **Súmula** do TST e **violação direta** da CF/88. **#caimuito**
- Não cabe RR para impugnar acórdão que julga **agravo de petição,** salvo se houver **ofens**a à CF/88. **#detalhe**
- O **Agravo de Petição** é cabível para impugnar as sentenças proferidas pelos juízes de primeiro grau na **execução.**
- No Agravo de Petição é necessária a **delimitação** justificada dos valores e das matérias objeto da irresignação da parte. Nem adianta tentar dar o *"migué"*!

- O **Agravo de Instrumento** é o recurso cabível para impugnar decisão que não admite o **processamento** de um recurso.

Execução

- Ordem de fonte normativa da execução trabalhista: **1) CLT; 2) Lei de Execuções Fiscais (Lei nº 6.830/80); 3) CPC. #macetao**
- Não cabe mais a execução **de ofício,** exceto: **1) parte desassistida; 2) contribuição previdenciária. #deolhona-reforma**
- **Títulos executivos judiciais:** decisões passadas em julgado ou das quais não tenha havido recurso com efeito suspensivo e os acordos não cumpridos.
- **Títulos executivos extrajudiciais:** TAC's, os termos de conciliação nas CCP's, cheque e nota promissória emitidos em reconhecimento de dívida trabalhista e laudo arbitral de atuação do MPT.
- É inexigível o título judicial fundado em lei ou ato normativo declarados inconstitucionais pelo STF ou em aplicação ou interpretação tidas por incompatíveis com a CF.
- A execução **provisória** é permitida até a **penhora** e inclusive é cabível penhora em **dinheiro #detalhe**
- Não se aplica a revelia na execução.
- O prazo para embargos à execução é de **cinco dias** (a contar da ciência da **penhora**), sendo de **trinta dias** para a **Fazenda Pública** (início com **citação**). **#naoconfunda**

- Para embargar, o devedor tem que **garantir** a execução mediante depósito da quantia correspondente, ou seguro-garantia judicial ou nomeação de bens à penhora.
- A existência de cálculo de liquidação do título, anteriormente ao **acordo** entabulado, não obsta a homologação judicial, mesmo que da avença conste renúncia ou desistência de parte do crédito.
- Quando a conta estiver líquida, o juízo deve intimar as partes no **prazo comum** de 8 dias para **impugnação fundamentada** com a indicação dos itens e valores objeto da discordância, sob pena de preclusão. **#deolhonareforma**
- Na execução por ***carta precatória*** os embargos serão oferecidos no **juízo deprecado**, salvo se indicado pelo juízo deprecante o bem constrito ou se já devolvida a carta. **#jahcaiu**
- O protesto ou registro no Serasa, SPC ou BNDT de condenação trabalhista só pode ocorrer **45 dias** após a citação do executado, se não houver garantia do juízo. **#deolhonareforma**

Ações especiais

- **Inquérito judicial para apuração de falta grave:** objetiva extinguir o contrato do empregado portador de estabilidade. Prazo: **30 dias** após início da suspensão. Se não houver suspensão: **até 2 anos. #macetao**
- Não é exigido **inquérito judicial** para dispensa de representante dos trabalhadores na CIPA. **#detalhe**
- É faculdade do juiz conceder **liminar** ou **homologar acordo.** Não cabe mandado de segurança!

- Não cabe mandado de segurança para impugnar antecipação de tutela concedida em sentença, mas sim o recurso ordinário. Para tentar efeito suspensivo do recurso tem que entrar com ação **cautelar. #detalhe**
- Ação rescisória exige **depósito prévio de 20% do valor da causa**, que reverterá para a ré, quando inadmitida a ação ou declarada improcedente por unanimidade.
- O depósito prévio não será exigido da massa falida, União, Estados, Distrito Federal, Municípios, autarquias e fundações de direito público, MP, Defensoria Pública e beneficiários de justiça gratuita.
- Não se aplicam os efeitos da revelia em ação rescisória. **#detalhe**
- Ação de cumprimento: cabível quando há violação de decisão em **dissídio coletivo**.

FILOSOFIA DO DIREITO

HERMUNDES FLORES

Conceito

- A filosofia do direito é o modo como se aborda o direito, não possui objeto próprio! **#prontofalei**

Filosofia do Direito no Mundo Antigo

- Os gregos não compreendiam o Direito como uma dimensão autônoma em relação às demais normas de comportamento social. Na cultura grega, o olhar era **da sociedade para o indivíduo.**
- De acordo com os **"pré-socráticos"** o principal é conhecer o que há de essencial no Cosmos (natureza), perceber o que há de permanente na constante mutabilidade do tempo e o que há de uno dentro da multiplicidade do espaço, o homem ainda não era o centro das atenções. **#nãoconfunda**
- Os **sofistas,** contemporâneos a Sócrates, eram conhecidos por serem grandes oradores, eram individualistas e subjetivistas, defendiam que cada homem possuiu um jeito próprio de olhar e compreender as coisas. Diziam que era impossível conhecer a essência das coisas (da natureza ou do homem) porque simplesmente esta essência não existe. Desta forma, estimularam o espírito crítico, em torno dos problemas humanos, que é de fundamental importância para a Filosofia! **#ficaadica**

- **Sócrates** era contra o relativismo dos sofistas, acreditava que a essência da realidade podia ser, através da razão, representada por conceitos, por todos reconhecíveis, desde que se recorresse à consciência. Daí a máxima socrática: "**conhece-te a ti mesmo**", que quer dizer, conheça a sua própria consciência e será capaz de compreender a verdade.

- A partir de Sócrates o homem passou a, conscientemente, tentar entender as escolhas humanas e buscar explicações racionais para elas, **Platão** compreendeu e criticou o modo de o Estado grego se organizar, e formulou um Estado Ideal, no qual a função de governar caberia aos sábios. Platão percebia a realidade **da sociedade para o indivíduo**, em que a justiça no comportamento deste decorria da justiça na organização da sociedade da qual ele fizesse parte.

- Para **Aristóteles** Justiça e Lei (como norma emanada do poder político legitimamente constituído) não eram coincidentes! Ser justo no sentido aristotélico do termo é agir conforme a "Lei" (sentido amplo). Como a Lei tem como fim o bem comum, quando um cidadão age conforme a Lei age em benefício de toda a comunidade, e quando desrespeita uma norma, atinge toda a sociedade. **#detalhe**

Outra ideia muito importante em Aristóteles: *a justiça é um meio termo. Justo é o equilíbrio, a injustiça está nos extremos.*

- **Quiz**: É correto afirmar que a Filosofia do Direito nasceu na Grécia? Depende, a Grécia é o berço da Filosofia Ocidental como um todo, contudo, os Gregos não encaravam as normas jurídicas como categoria normativa autônoma das demais ordens normativas (ética, religiosa, política...).

Filosofia do Direito em Roma

- A fundação de Roma é datada de 753 a.C. pelos mitológicos irmãos Rômulo e Remo. A fase que se inicia com a Fundação até o ano de 510 a.C. é chamada de Realeza. A Realeza em Roma, embora vitalícia, não era hereditária, o rei era eleito por assembleias das quais participava o "povo", excluindo-se plebeus e escravos.
- A segunda fase se inicia em 510 a.C. e se encerra em 27 d.C., a **República**. Na fase da República o poder administrativo foi diluído em vários cargos, não vitalícios, hierarquicamente organizados. A terceira fase é do **Império**, do século 27 d.C. a 566 d.C. (com a morte de Justiniano). O Império é dividido em duas fases, alto Império (27 d.C. a 284 d.C.) e baixo Império (284 a 566 d.C.). Neste período o "primeiro homem de Roma" (*princeps*), o imperador, detinha o *imperium* (civil, militar e judiciário).
- Em Roma o direito efetivamente se diferencia das outras dimensões normativas do universo prático humano, tanto como **prática** quanto como **conhecimento**! Os romanos alcançaram a consciência de que é o Direito uma dimensão normativa autônoma, objeto de um conhecimento próprio, estudado por uma classe "profissional" também específica, os jurisconsultos.
- Semelhantemente aos gregos, os romanos faziam a distinção do justo por natureza (Direito Natural) do justo por convenção (Direito Positivo). A grande novidade, que

permite se afirmar que o Direito nasceu em Roma, é o fato de os romanos terem tomado a consciência de que **o Direito tem natureza diversa dos princípios morais,** ao ponto de o jurisconsulto Paulo afirmar que "Nem tudo o que é lícito é honesto". **#prontofalei**

- Os romanos eram práticos, não se dedicaram como os gregos à especulação filosófica. Por isso, pode-se dizer que como prática o Direito em Roma se diferenciou da Moral.

Filosofia do Direito na Era Medieval

- O cristianismo, por sua vez, marcou profundamente a filosofia medieval. Da lição bíblica ensinada por Jesus Cristo "dai a César o que é de César, e a Deus o que é de Deus", se formulou um princípio que seria fundamental para a fundação do Estado de Direito, referimo-nos à separação entre os conceitos de **autoridade** (*auctoritas*), que vem de Deus e **poder** (*potestas*), exercido pelo detentor do poder político.
- É deste período, para legitimar o poder do senhor feudal, que surgiu a teoria da origem divina do poder do rei. **#detalhe**
- O sistema de direito era centrado no soberano, o qual detém o poder (potestas), este poder é amparado na autoridade divina (auctoritas), a qual é interpretada pelo ensinamento da Igreja.
- **#Quiz:** Na concepção filosófica medieval "poder" e "autoridade" são sinônimos? Não. No pensamento medieval, toda "autoridade" vem de Deus, que, através da Igreja, autoriza o exercício do "poder" político ao soberano.

- A partir de fragmentos do Código de Justiniano (Corpus Iuris Civilis), duas importantes correntes de pensamento jurídico se sucederam: Escola dos Glosadores e Escola dos Comentadores. Estas duas escolas atribuíam ao Direito Romano a qualidade de infalibilidade como norma de Direito

- O **Código de Justiniano** é uma reunião de normas provindas do Estado e lições doutrinárias sobre normas e práticas jurídicas acumuladas por mais de mil anos de história, compilado na fase final da civilização romana antiga. **#prontofalei**

Formação da Cultura Jurídico-Filosófica Moderna

- O pensamento moderno é aquele que teve como berço a cultura europeia aproximadamente dos séculos XVI a XVIII. Na historiografia geral é normalmente dividida em três períodos: **Renascimento, Absolutismo e Iluminismo.**

- O **Renascimento** é marcado pelo resgate da cultura clássica greco-romana. É esta a fase em que mais claramente a cultura europeia passa de uma visão **teocêntrica** do mundo (Deus no centro) para uma perspectiva **antropocêntrica** (homem no centro).

- Nicolau Maquiavel (1469-1527) mudou o eixo de legitimação e manutenção do poder político do campo da destinação divina para o campo da ação humana. A obra ***O príncipe*** é um conjunto de conselhos dados por Maquiavel a Lourenço de Médici, estadista da República de Florença, sobre como manter a ordem social e exercer o bom governo, por meios humanamente exequíveis. **#detalhe**

- O **Absolutismo** ocupou-se da legitimação do poder, buscando esteio no pensamento medieval (teológico), antes usada para legitimar o poder do senhor feudal: o poder vem de Deus. O processo de reestruturação do Estado, que é traço marcante da Modernidade, resgatou uma concepção medieval, qual seja, a de que o rei detém o poder por vontade de Deus. E se foi Deus que o escolheu, seu poder é inquestionável!
- Quando se afirma que o poder do Rei se origina da vontade divina, se quer dizer que este poder é concedido por Deus diretamente ao monarca, sem a intermediação de quaisquer instituições humanas, o que inclui as igrejas. Destaque-se a contribuição de Jean Bodin (1530-1596), que sistematizou o conceito de soberania, em torno do exercício do poder político por um **Estado laico.**
- O **Iluminismo** é o apogeu do pensamento filosófico moderno! Esta corrente de pensamento, que se desenvolveu notadamente no século XVIII, conhecido como "o século dos filósofos", culminou em uma crítica ao absolutismo. A **"razão" iluminista** não era uma mera interpretação do mundo, mas algo universal, eterno, imutável. A razão é o atributo que caracteriza o homem.
- Atenção: a partir do Iluminismo o Rei ficou mais fraco, o Estado ficou mais forte! **#nãoconfunda**
- O marco político do Iluminismo é a **Revolução Francesa,** iniciada no ano de 1.789. Degola-se o Rei (antes a personificação do próprio Estado), substitui-se a monarquia absoluta pela **República,** a origem do poder não é mais a vontade do Deus que sustentada e legitima o soberano, o poder vem do povo! O povo, por meio do **Contrato**

Social, constrói o Estado e delega a este o exercício do poder político.

- Do ponto de vista jurídico, o marco mais importante da Revolução Francesa é o **Código Civil de Napoleão,** de 1804. O Código representa a definitiva superação do direito costumeiro oral pelo direito sistemático, como um todo unitário, é a superação da multiplicidade de fontes e subjetividade no julgamento dos casos pela segurança jurídica.
- A partir daqui se passa a associar aplicação do Direito à aplicação da lei, eleita pela ciência do Direito como a "rainha das fontes"! **#ficaadica**

Filosofia do Direito na Modernidade: Jusnaturalismo

- A expressão **"Direito Natural"** foi utilizada por mais de dois milênios por pensadores que se empenharam para compreender a medida do Justo. Este é o problema desta expressão: para os antigos, o Direito Natural tinha como fonte a própria natureza, já para os medievais, inspirados pela doutrina cristã, o Direito Natural era moldado segundo a lei de Deus, enquanto que para os modernos, o Direito Natural é fruto da razão humana.
- O **jusnaturalismo moderno** procurou elaborar, a partir de raciocínios inspirados nas ciências naturais-matemáticas, um conjunto de princípios racionais que sintetizariam a medida do justo e que, portanto, serviria de norte para o Direito Positivo: o Direito Natural.
- Entre os jusnaturalistas é muito comum a referência ao **estado de natureza,** utilizam esta expressão para explicar como seria a vida do homem sem a presença do Estado.

- O estado de natureza é uma hipótese a partir da qual os jusnaturalistas desenvolvem seus argumentos em favor da legitimidade do poder do Estado e da importância de uma sociedade organizada em torno de regras predefinidas como condição de sobrevivência da própria humanidade. **#nãoconfunda**
- **HUGO GRÓCIO** (1583-1645) – Para Grócio o princípio de todas as coisas não era Deus, nem tampouco a natureza, mas a razão. Alcançam-se os princípios do Direito Natural através do raciocínio dedutivo (do geral para o particular). Pela razão é possível alcançar certas regras invariáveis, por exemplo, a regra segundo a qual "todo homem é livre". Segundo Grócio, esta norma é apreensível pela razão, logo, trata-se de um princípio de direito natural do qual se podem deduzir regras mais específicas para a solução de problemas decorrentes da convivência em sociedade!
- **SAMUEL PUFENDORF (1632-1694)** – Discípulo de Grócio, para Pufendorf o Estado soberano é fruto das convenções humanas, mas é Deus o criador da sociedade e da própria soberania. Pufendorf dizia que utilizando o método indutivo (do particular para o geral) era possível encontrar um princípio imutável, que toda pessoa razoável fosse capaz de reconhecer.
- Para legitimar o Estado e justificar a sua necessidade e justeza, afirma que no **estado de natureza** cada homem conta apenas com as próprias forças, vive isolado, e em caso de conflito só conta com suas próprias forças para se defender. Já no **estado social** os homens contam com o apoio uns dos outros, de modo que em caso de conflito haja um terceiro para intervir e solucioná-lo com paz. Veja

que se trata claramente de um argumento filosófico para legitimar a atuação do Estado.

- **JOHN LOCKE (1632-1704)** – Locke afirma que a força do conhecimento está na experiência. Portanto, os **princípios de Direito Natural não são inatos ao ser humano**, todavia, podem ser conhecidos pela razão. Para regular a vida em sociedade surge o **"contrato"**. Importante notar que o Estado é criado por um contrato celebrado entre os homens. Portanto, as **leis civis** (Direito Positivo, o justo por convenção) devem sempre respeitar as leis naturais (Direito Natural, o justo por natureza). Locke também defendeu filosoficamente uma ideia muito importante para a consolidação dos ideais burgueses: **o trabalho.**
- **THOMAS HOBBES (1588-1679)** – "O homem é o lobo do próprio homem", para Hobbes **o homem é mau e egoísta por natureza.** Por isso, no estado de natureza, sem a presença de um terceiro para controlar e estabelecer regras de convivência, gozando de ampla liberdade, os homens lesam-se uns aos outros! Hobbes defende um **Estado forte**, com poderes absolutos (é partidário do Absolutismo monárquico). Para o filósofo, o fato de sermos naturalmente livres e iguais uns aos outros, sem a mediação de um Estado forte para controlar, a única consequência possível seria o estado de **guerra eterna de todos contra todos.** Afinal, entre oponentes iguais e sem limites a guerra não teria fim!

Contratualismo Total: Jean-Jacques Rousseau

- Diferentemente de Hobbes, Rousseau (1712-1778) entende **que o homem é naturalmente bom**, de modo que o estado de natureza é um estado de paz. O **contrato social**, deste modo, deve assegurar a continuidade do estado de natureza. **#prontofalei**

- Por meio deste contrato os homens abdicam de parte de sua liberdade original (advinda do estado de natureza) em nome da utilidade de se construir uma sociedade e um Estado. Este contrato permite a agregação de todos, trata-se de uma união de forças, pois a força de todos juntos é maior do que a dos indivíduos separadamente.
- Atenção: Rousseau e Hobbes fazem referência a um "contrato" criador do Estado. Este contrato é uma **ficção**, é uma afirmação hipotética cuja razoabilidade se comprovou através de argumentos filosóficos.
- A **"vontade geral"** é fundadora do pacto, seu destino é a realização da igualdade. Não se trata da vontade de todos, mas **a vontade comum**, o interesse público formado por consenso de maioria. Esta vontade é sempre reta, nunca se engana, é sempre orientada para o bem-comum!
- **#Quiz**: Está correto afirmar que o Contrato Social referido por Rousseau era apenas uma hipótese filosófica e não uma experiência histórica? Sim, trata-se de uma ideia a partir da qual ele desenvolveu argumentos para exigir do Estado o cumprimento do Direito Natural, principalmente no que tange ao respeito à liberdade e à igualdade.

Immanuel Kant

- Kant (1724-1804) logrou conciliar o **empirismo** – que enfatizavam a experiência na formação do conhecimento, valorizando o método indutivo (do particular para o geral) – com o **racionalismo**, que valoriza o método dedutivo (formular regras racionais gerais para explicar a situações particulares da vida). Por isso, pode-se dizer que Kant empreendeu um esforço para explicar a razão prática e a razão teórica, o criticismo. **#nãoconfunda**

- Em sua teoria do **conhecimento,** Kant defende que o conhecer não é nem tão-somente **racionalidade**, nem apenas **experiência**, mas sim fruto da **interação destes dois elementos**! O conhecimento se inicia com a observação do objeto de estudo, mas este, quando chega à mente humana, é organizado e compreendido segundo uma orientação teórica.

- No campo da Filosofia do Direito, na reflexão sobre Ética e Direito, Kant entende que **o agir moral** não está condicionado a nenhuma experiência sensível. Agir conforme a moral, portanto, não é agir corretamente para se sentir feliz ou mesmo para evitar sanção. Agir conforme a moral é **agir conforme uma lei aprioristicamente válida**, conforme o imperativo categórico, é agir conforme o dever porque é dever.

- **Agir eticamente** é agir conforme o dever porque é dever, sem nenhuma motivação externa. Por isso, o único agir realmente livre é o agir ético. O homem é livre porque é capaz de autonomamente constituir a sua vontade conforme o imperativo categórico. **#jácaiunoexame**

- O Direito, por sua vez, decorre de uma vontade externa ao indivíduo, a vontade do legislador, em que o Estado é o instrumento regulador das liberdades externas. Por isso, **agir conforme o Direito não é agir livre, é agir para se enviar sanções.**

Hegel: Direito como Teoria e Realidade

- **"O que é racional é real e o que é real é racional".** Hegel (1770-1831) é conhecido como o filósofo do absoluto, afirma que **onde está a razão aí está o seu objeto,** de tal forma que o que não pode ser conhecido não pertence ao mundo da lógica, até o absoluto pode ser conhecido. Ao contrário daquilo que defendeu Kant para o qual o absoluto não pode ser conhecido.

- Apesar de racionalista, Hegel se diferencia pelo **papel constitutivo da história** com âmbito de realização do espírito. Assim, **ser e dever ser, real e ideal, são considerados conjuntamente na concretude da história.**

- A preocupação de Hegel é o equilíbrio entre a **objetividade do Estado** e a **subjetividade do indivíduo,** em uma histórica interação entre ordem e liberdade. Para compreender o problema da Justiça, o problema jusfilosófico, o filósofo do absoluto posiciona-se entre o jusnaturalismo racionalista (Direito positivo como fruto da razão) e o historicismo (Direito como pura contingência fática). Nesta dialética, **o Direito é a efetivação das ideias de justiça no plano da realidade histórica, em que o Estado deve funcionar como instrumento de realização da Justiça pela mediação do Direito. #nãoconfunda**

- É que a partir de Kant e Hegel consideram-se consolidadas as linhas mestras do **pensamento jusfilosófico moderno.** Depois destes dois pensadores se inicia a fase contemporânea do pensamento jurídico-filosófico.

Filosofia do Direito Contemporânea

- A Filosofia do Direito contemporânea é vastíssima, depois de milênios de reflexão acumulados pela sociedade ocidental infinitas são as matrizes a partir das quais os pensadores de nosso tempo podem iniciar seus pensamentos a fim de compreender os problemas que se nos apresentam!
- As jusfilosofias contemporâneas em geral são unânimes em admitir o protagonismo do Estado na realização da justiça por intermédio do Direito. **A lei**, principalmente a partir do século XIX, ganha destaque como **principal fonte do Direito.**

Karl Marx (1818-1883)

- A perspectiva de observação da sociedade influenciou decisivamente a forma como Marx compreendia o Direito. Segundo ele, o Direito não é meio de realização da Justiça sob a Direção do Estado, como defendeu Hegel. **Para Marx o Direito e o Estado (superestruturas) são instrumentos de dominação da burguesia sobre o proletariado.**
- Marx vê o homem não o ser racional dos modernos, tampouco o animal político aristotélico, mas o **homem como força produtiva**, como engrenagem do modo de produção capitalista. **#prontofalei**
- Se para Hegel o Estado é o protagonista na realização da Justiça pela mediação do Direito, Marx, por seu turno, inverte esta dialética, e transfere **o papel principal para a realização da Justiça à sociedade civil.** Partindo da ideia de que **Justiça é Justiça Social** (distribuição equitativa das riquezas).

- Na implantação do Socialismo, o Estado é tomado pela classe até então explorada, de modo a se estabelecer uma **"ditadura do proletariado".** Tudo pertence ao Estado (indústria, serviços, terras, produção agrícola etc.). Todas as riquezas são dividias igualitariamente. Uma sociedade sem exploradores e explorados não suscitará conflitos relevantes o que permitirá a **extinção do Direito e do Estado, eis o Comunismo.**
- **A Filosofia do Direito marxista prega a extinção do Direito positivo, a extinção do próprio Estado!**

Hans Kelsen (1881-1973)

- A obra "**Teoria Pura do Direito**", de 1934, é um divisor de águas no pensamento jurídico. Após Kelsen todos os grandes pensadores do Direito de alguma forma sempre se referem a ele, ainda que para criticá-lo.
- A **Teoria Pura** empenha-se para dar ao conhecimento jurídico definitivamente o status de ciência. O jurista, agora chamado de cientista do Direito, deve assumir o **Direito Positivo** como seu objeto de estudo, abrindo mão de divagações, especulações ou juízos de valor para dedicar-se tão-somente ao racionalmente comprovado. O Direito é um dado a ser estudado!
- Toda ciência sempre se ocupa do que **objetivamente constatável,** independentemente do contexto histórico, geográfico, político ou social. **As verdades científicas são universalmente válidas.** Kelsen trouxe esta ideia para o estudo do direito.
- Kelsen defendeu que cumpre ao cientista do Direito estudar a estrutura do Direito presente em qualquer ordenamento

jurídico, independentemente da época, lugar ou opinião do observador. De que estruturas Kelsen estava falando e que estão presentes em qualquer ordenamento jurídico? **Validade** (se a norma existe ou não existe), **Vigência** (se a norma está apta a produzir efeitos) **e eficácia** (se a norma é obedecida por seus destinatários

- O que dá fundamento à norma positiva é outra norma positiva, e não valores morais sobre o justo ou injusto, sendo que o ápice do sistema jurídico positivo é a Constituição.

TABELA SALVADORA: ESTRUTURA DO DIREITO POSITIVO SEGUNDO KELSEN	
Validade	Existência da norma no ordenamento jurídico positivo.
Vigência	Aptidão da norma para produzir efeitos.
Eficácia	Obediência dos destinatários da norma.

Ronald Dworkin (1931-2013)

- Dworkin soube reconhecer a importância do Direito como norma, sem cair no exagero de se reduzir juridicidade à legalidade. **Segundo Dworkin o juízo jurídico não se faz sem o juízo moral.** Portanto, discordou frontalmente da postura kelseniana que separa direito e moral.
- É importante mencionar, não quer dizer que Dworkin afirmasse que Direito e Moral são a mesma coisa, trata-se, contudo, de distinguir estas duas categorias normativas, mas sem separá-las. Portanto, discorda tanto de Kant – que separa Direito e Moral – quanto de Kelsen – que separa Direito de Justiça.

- O pensamento de Dworkin representa grande parte da Filosofia do Direito contemporâneo. **Sem negar a importância do direito positivado como garantia de segurança jurídica**, destaca que as normas legais devem ser **interpretadas sob a ótica dos valores de justiça**. Estes valores se manifestam normativamente através dos princípios normativos! **#detalhe**
- Dworkin compreende **o Direito como uma "prática interpretativa"**. Na medida em que novos casos vão surgindo, exigindo que o judiciário entregue solução com base no direito positivo vigente, o Direito vai se densificando, enriquecendo seu sentido. Ou seja, a **experiência histórica** vai contribuindo para se melhorar a prática interpretativa!
- Ao selecionar o princípio ou conjunto de princípios que fará de sua decisão a melhor possível **o juiz**, em certa medida, interfere com suas convicções pessoais, mas em uma subjetividade controlada pela posição da comunidade interpretativa.

MIGUEL REALE (1910-2006)

- Miguel Reale é certamente o maior jusfilósofo brasileiro, e está entre os grandes do mundo. Criador da Teoria Tridimensional do Direito, segundo a qual "a experiência jurídica é constituída por um processo dinâmico e concreto de modelos normativos, os quais representam a integração de fatos sociais segundo múltiplos valores"
- Conforme esta valoração dos fatos as normas vão sendo elaboradas para estimular experiências boas e desestimular experiências ruins (REALE; 2004)

John Rawls (1921-2002)

Vale a pena destacar no pensamento de John Rawls a sua influente teoria da justiça. Segundo o pensador norte-americano a **liberdade** e a **igualdade** são os princípios norteadores da justiça.

Importante destacar que no sentido mobilizado por Rawls tais direitos não consistem em meras previsões formais (de liberdade e igualdade perante a lei, como defenderam os modernos), mas de parâmetros de justiça que possibilitem o exercício das liberdades (ir e vir, pensamento, expressão etc.) aos materialmente menos favorecidos em "condições de oportunidade equitativa" (RAWLS: 2007). Ou seja, as desigualdades na atribuição de bens sociais só podem ser consideradas justas se as condições para a disputa por tais bens são equivalentes entre os cidadãos.

EDITORA
JusPODIVM
www.editorajuspodivm.com.br